KB195581

세계 포커 챔피언이 밝히는

300조 원의 비밀

케빈송 지음

하이비전

세계 포커 챔피언이 밝히는
300조 원의 비밀

초판 1쇄 인쇄 : 2025년 1월 5일
초판 1쇄 발행 : 2025년 1월 15일

지은이 : 케빈송
교정 / 편집 : 이수영 / 김현미
표지 디자인 : 김보영
펴낸이 : 서지만
펴낸곳 : 하이비전

주소 : 서울시 동대문구 하정로 47(신설동) 정아빌딩 203호
전화 : 02)929-9313

신고번호 : 제 305-2013-000028호
신고일 : 2013년 9월 4일
주소 : 서울시 동대문구 하정로 47(정아빌딩 203호)
전화 : 02)929-9313
홈페이지 : hvs21.com
E-mail : hivi9313@naver.com

ISBN 979-11-89169-83-1(13330)

* 값 : 17,000원

세계 포커 챔피언이 밝히는

300조 원의 비밀

CONTENTS

PART
3   청소년 도박의 심각성 그리고 그 해결책

PART
4   도박 중독의 위험성과 도박 폐해의
     실제 사례

프롤로그

30년 프로 경력의 세계 포커 챔피언, 생생한 경험으로 도박 중독과 예방을 말하다.

1981년 11월 단돈 100달러를 쥐고 기회의 땅 미국에 혈혈단신으로 건너간 필자는 포커 선수가 되어 세계 포커계의 강자로 지내왔다. 우연한 기회로 카지노와 인연을 맺고 프로 생활을 시작, 1994년 세계대회에 처음 출전해 30만 달러를 벌었고 프로 입문 3년 차인 1997년에는 월드시리즈 포커(world series of poker) 리밋 텍사스 홀덤(Limit Texas Hold'em)' 부문에서 우승하며 세계 포커 챔피언에 올랐다. 같은 해 명예의 전당(hall of fame championship) 노리밋(No Limit) 부문의 우승도 거머쥐면서 한 해에 리밋·노리밋 두 대회 모두 우승한 첫 선수로 기록되어 있다.

www.thehendonmob.com에는 전 세계 모든 포커인들에 대한 방대한 기록이 있는데 세계대회는 물론 각종 포커대회의 성적이 상세하게 업로드 되어 있다. 특히 매년 세계랭킹이 매겨지는데 필자는 1997년도에 세계랭킹 2위로 기록되어 있으며 2024 현재 세계 포커 역사상 한국인 최고의 챔피온이다.

이후 지금까지 세계대회를 비롯해 수많은 국제 포커대회에 출전해서 27회 우승한 유일한 한국인이며 다국어 인터넷 백과사전인 '위키피디아(Wikipedia, en.wikipedia.org)'는 필자를 한국인 최고의 포커 챔피언으로 소개하고 있다.

필자는 미국은 물론 유럽과 동남아시아 등 전 세계의 카지노를 다니면서 생생한 경험을 했다. 수많은 사람들이 카지노에서 자기 몸이 타들어 가는 줄도 모르고 불나방처럼 밤을 지새우는 것을 목격했다. 특히 적지 않은 한국인들이 외국 카지노에서 도박에 대한 기초상식조차 없이 큰돈을 잃고 추한 행태까지 보이는 것을 보면서 같은 동포로서 대단히 안타까웠고 때로는 참담한 상황에 분노마저 느낄 때도 있었다.

도박의 사전적 정의는 '돈이나 값나가는 물건을 걸고 내기를 하는 일'이다. 도박이 위험한 이유는 낮은 승률, 이기기 어려운 운에 기대어 돈이나 값나가는 것을 거는 무모한 행위이기 때문이다. 단기적으로 몇 차례 이기기도 하고 적은 돈이나마 딸 수는 있지만, 오랫동안 장기적으로 할 때는 절대로 이길 수 없는 '필패의 승부'가 바로 도박이다.

따라서 도박은 그저 부담되지 않는 정도의 적은 돈으로 잠깐 머리를 식히거나 즐기는 오락의 수준에서 그칠 때 비로소 그 나름의 긍정적인 역할을 할 수 있다. '일확천금'을 노리고 엄청난 돈을 쏟아부으며 긴 시간 동안 반복적으로 도박을 하는 것은 불가능의 영역이며 정말로 미친 짓에 불과하다.

전 세계 어느 나라에서나 이 같은 도박의 폐해에 대해 모르는 사람은 없다. 그런데도 미국을 비롯한 수많은 국가에서 초대형 카지노를 만들어 운영하고 있으며 그 숫자는 계속 증가추세를 보이고 있는 게 오늘날의 현실이다. 이렇듯 카지노가 늘어나 있는 것은 카지노 운영을 통해 사업자는 엄청난 이익을 거둘 수 있고 정부는 막대한 세금을 거둬들일 수 있기 때문이다.

아시아의 이웃 나라인 싱가포르는 한때 마이너스 경제성장률을 보이며 재정 적자에 허덕이다가 복합 카지노 리조트를 열면서 재정적 어려움을 해결한 대표적인 나라이며, 500만 도시국가 싱가포르의 관광객 규모는 인구가 열 배가량 되는 우리나라와 거의 같은 수준으로 대폭 증가했다. 사회주의 국가인 베트남도 카지노 운영국의 대열에 들어섰다. 이미 많은 카지노가 운영 중인 미국에서는 각 주의 주요 도시마다 하루가 멀다고 새로운 카지노가 세워지고 있다.

법으로 도박을 금지해온 우리나라에서도 지난 2000년 10월, 국내인들이 출입할 수 있는 카지노 시설인 '강원랜드'를 개장해 20년 이상 운영해오고 있으며 최근에는 제주와 전남 해남, 영종도 등지에서 '카지노 복합 리조트' 건설 움직임이 일고 있다.

도박은 제도적으로 막기가 어렵고 막는다고 하더라도 도박에 대한 수요는 줄어들지 않는다. 당장 비행기를 타면 세 시간 만에 도착할 수 있는 도박의 도시 마카오와 필리핀이 우리나라와 가까이 위치해 있으며 10시간이 넘게 걸리는 라스베이거스까지 날아가 도박을 즐기는 한국인들이 적지 않다. 그리고 불과 몇 년 후인 2029년에 일본 오사카에 초대형 카지노를 오픈하게 되면 2시간 이내로 갈 수 있게 된다.

조금 빠르거나 늦다는 차이만 있을 뿐 내국인들이 출입할 수 있는 카지노의 개방은 필연적인 현실이다. 대한민국이라는 큰 시장에 눈독을 들인 외국 카지노들의 개방 압박은 차치하고라도 카지노를 세우면 엄청난 재정 수입이 보장되는 동시에, 외국 카지노로 유출되는 외화의 낭비를 막을 수 있는 등 큰 경제적 이득이 있기 때문이다.

특히 카지노와 테마파크, 골프장 등을 함께 운영하는 '카지노 복합 리조트'는 관광객 유인 효과가 대단히 크다. 무조건 카지노를 막는 시대는 이미 지났다. 자의든 타의든 우리는 이제 카지노를 지척에 두고 살게 될 것이다. 카지노를 막는 것은 하수가 더럽다고 하수구를 막는 것과 같은 결과를 초래할 것이기 때문이다.

상황이 이렇다면 카지노를 무조건 막을 게 아니라 규제를 완화하여 일정 부분 양성화하는 한편 도박에 대한 올바른 인식을 갖게 하고 그 폐해를 줄여나가는 것이 현실적인 대안이라고 생각된다. 특히 도박 중독을 막기 위한 제대로 된 교육을 통해 도박으로 야기되는 사회적 문제를 줄여나가는 것이 무엇보다 중요하다고 하겠다.

그동안 우리는 '도박하면 패가망신하고 인생을 망친다'는 말을 귀에 못이 박히도록 들어왔다. 매스컴을 통해 도박 중독에 빠져 집안이 파탄 나고 불행에 빠지는 사례를 자주 접하기도 했다. 그러나 이해할 수 없는 일은, 도박을 절대 하지 말라는 말은 들어봤어도, 도박하면 안 되는 이유에 대해 그 누구도 구체적이고 명확하게 설명해주지 않고 있다는 사실이다.

강원랜드를 개장해 운영해 온 정부는 내국인 출입을 허용하여 재정 수입을 올리는 데에는 성공해 왔으나 도박 중독 문제에 대한 올바른 인식은 물론 도박 중독자에 대한 실태 파악과 대책 마련, 예방에 있어서는 제대로 대응하지 못해 왔다.

도박에 대한 지식과 경험이 없는 대다수 국민 중 많은 이들이 도박으로 인해 가정이 파탄 나고 경제적 어려움에 직면해 거리의 노숙자로 전락하는 일이 계속 증가하고 있다. 어디 강원랜드뿐이랴. 경마장을 비롯해 경정 경기장과 경륜장에는 오늘도 수많은 사람이 장밋빛 꿈을 꾸며 몰려들고 있다. 여기에 거리마다 넘쳐나는 불법도박장, 누구나 쉽게 스마트폰으로 접근할 수 있는 인터넷 도박에 이르기까지 대한민국은 이미 '도박 공화국'이 되어 있다. 특히 범죄로 이어지는 청소년 불법 도박의 확산은 정말 심각한 상황이다.

이 같은 도박 문제에 대해 그동안 정부는 사행산업통합감독위원회와 한국도박문제예방치유원을 만들어 도박 문제 해결과 도박 중독 치료에 나서는 등 나름 노력을 해왔다. 그러나 도박이 무엇인지 모르는 일반 국민처럼 정부도 도박을 경원시하고 막기만 해왔을 뿐 도박에 대한 전문지식이 부족한 상황이다 보니 도박에 대한 일반 국민들의 올바른 이해를 돕지 못했을 뿐만 아니라 도박 중독자 치료나 예방에 실효성 있는 대책을 마련하는 데는 성공하지 못하고 있다.

승률로 보면 도저히 이길 수 없는 게임에 많은 사람이 목을 매고 하는 이유는 도박에 대한 기초 이해가 없기 때문이다. 이기려 해도 도저히 이길 수 없는 도박의 실체가 무엇인지 알지 못하여 벌어지는 일이다.

30년 동안 포커 선수로 활동하면서 세계 최고 수준의 대회 챔피언으로서 쌓아 온 필자의 경험은 어느 누구도 갖지 못한 값진 것이다. 오랫동안 수많은 나라의 카지노에서 포커 시합과 게임을 하면서 실제로 보고 겪고 느껴온 생생한 경험을 바탕으로 도박의 올바른 이해, 도박 중독의 위험성과 치료방안, 카지노 산업의 미래 등에 관한 의견을 우리 사회에 널리 알리는 것이 나름 의미가 있겠다는 생각에서 이 책을 쓰게 되었다.

애초 포커는 물론 도박을 전혀 알지 못했던 필자가 프로 포커 선수를 직업으로 갖게 된 것은 운명이었다. 무일푼으로 미국에 건너간 필자가 포커와 인연을 맺고 30년 넘게 프로 포커 선수로 활동할 수 있었던 것은 어쩌면 운명이었으며 성공적인 인생이었다고 생각한다.

이제 남은 삶을 한국에서 도박의 위험성을 널리 알리고, 도박 때문에 가정이 파탄 나고 인생을 망치는 일이 일어나지 않도록 돕는 일에 미력이나마 힘을 보태고자 한다. 나아가 우리 사회가 도박에 대해 올바로 이해하고 일반인들이 게임으로 여가를 즐길 수 있는 분위기가 조성되면 그 또한 좋지 않겠는가?

책을 쓰기로 결심한 후에 도박과 관련된 많은 서적을 찾아 꼼꼼히 읽어보았다. 여러 책에서 도박의 폐해와 문제점과 실태를 다루고 있었지만, 그 어떤 책에서도 도박 문제에 대한 근본적인 해결책은 제시하지 못하고 있었다.

이에 필자는 30여 년의 프로 포커 선수로 활동하면서 얻은 경험과 문제 해결을 위한 고민을 바탕으로 우리가 직면하고 있는 도박의 문제들, 즉 불법 도박의 근절, 도박 중독자의 치료와 사회 복귀, 도박 예방 등 세 가지 난제에 대해 보다 구체적이고 실효성 있는 해결책을 제시하고자 한다.

도박이란 무엇인가?

'도박이 질병이라는 사회적 인식은
바뀌어야 한다'

도박은 확률 게임이다. 확률은 누구도 거스를 수 없는 영역이자, 같은 조건에서 하나의 사건이 일어날 가능성을 가리키는 개념이다. 확률상 도박에서 높은 승률을 올리기는 매우 어려우며 이러한 사실은 변하지 않는 진리이기도 하다.

2020년 1월 '코로나19' 팬데믹 때부터 도박에 빠져드는 사람이 더 많이 늘어났다고 한다. 코로나로 비대면 문화가 확산하면서 PC와 모바일 등 온라인을 통한 도박이 기승을 부린 탓이다. 특히 일반 성인은 물론이고, 미래의 주인공인 우리 청소년들과 도박의 청정지대로 인식되어온 군부대 내에서까지 도박이 급증하고 있는 것이 오늘의 현실이다.

또 국방부 자료에 의하면 같은 기간 중 일반 사병이 불법도박 사이트에 접속해 도박하다 적발되어 입건된 건수는 총 1,557건으로 나타났다. 2019년 군부대 내 일반 사병에 대해 스마트폰 사용을 허용한 이래 불법 도박 적발건수가 크게 늘었고 적발 금액도 가파른 상승추세에 있다고 자료는 밝히고 있다.

우리나라의 도박 실태를 고발하는 책들이 시중에 적잖이 나와 있다. 대부분의 책에는 도박 관련 통계 수치와 이를 도표화한 자료들이 많이 실려 있다. 그런데 이 통계 수치들은 그다지 신뢰할 만한 것들이 못 된다.

그 이유는 통계에 잡히지 않은 숨어있는 숫자, 즉 '암수(暗數)'가 상상을 초월하기 때문이다. 2010년 즈음에 이미 공표되어, 오래된 수치이긴 하지만 문화체육관광부와 국가정보원이 조사한 자료에 따르면 우리나라 1년 불법 도박 매출 규모는 약 100조 원이다. 그러나 전문가의 입장에서 볼 때 불법 도박 시장의 규모는 현재 약 300조 원이 넘을 것으로 생각된다. 그 주된 이유는 인터넷 기술의 발전 때문이다. 약 20년 전부터 인터넷 도박이 있어 왔지만, 최근 10여 년 전부터 라이브(Live) 인터넷의 발달로 카지노 매출보다 인터넷 온라인 매출의 증가세가 뚜렷하다. 특히 최근에는 코로나 팬데믹으로 인해 인터넷 불법 도박은 상상을 초월할 지경에 이르렀다. 2024년 우리나라의 1년 예산이 약 656조 원 규모이니 1년 예산의 절반이 매년 불법 도박판에서 유통되고 있다니 실로 놀라지 않을 수 없다.

이는 매우 중요하고 눈여겨볼 문제인데 합법적인 도박과 불법 도박을 포함한 도박 문제가 우리 사회에서 얼마나 심각한지를 단적으로 보여주는 엄청난 수치이기 때문이다.

더 큰 문제는 관련 입법을 담당하고 대책을 세워야 할 국회의원이나 정부 공무원들이 이 같은 도박 문제의 심각성을 잘 모르고 있거나 어느 정도 알고 있더라도 우리나라 국민의 정서상 민감한 사항이어서 그 누구도 도박 문제 해결에 적극 나서지 않고 있다는 점이다.

필자가 그동안 수십 차례에 걸쳐 정부 각 부처의 사람들을 만나 도박 문제의 심각성과 특히 불법 도박 근절을 위한 대책 마련이 시급함을 역설했음에도 별다른 변화와 조치가 이뤄지지 않았다는 경험에서 하는 말이다.

'자신의 오판으로 예기치 못한 결과가 초래될 위험이 있어도 승산에 기대를 걸고 게임이나 시합 또는 그 결과가 우연으로 결정되는 불확실한 사건 등에 내기를 하는 행위'를 도박이라 한다.

국어사전이나 네이버 검색에서 도박의 정의는 '돈이나 재물을 걸고 카드나 게임을 하는 행위'로 규정하고 있다. 하지만 전문가의 입장에서 볼 때 도박은 '수학적으로 확률이 불리한 사람이 운에 기대어 돈이나 재물을 거는 행위'라고 할 수 있다. 거꾸로 말하면, 돈이나 재물을 걸더라도 그 확률이 불리하지 않으면 도박이 아닐 수 있다.

도박장인 카지노에 가서 바카라 게임을 한다고 가정해보자. 일반적으로 바카라에서 고객이 이길 확률은 47.5%이고 카지노는 52.5%이다. 47.5%의 승률을 가진 고객은 도박을 하고 있지만, 52.5% 승률의 카지노는 도박이 아닌 사업을 하고 있는 것이다.

　무일푼으로 태평양을 건너가 미국에서 프로 포커 선수가 된 필자는 운과 우연에 기대어 불확실성에 베팅하지 않았고 실력에 근거하여 조금 승률이 높은 베팅을 하였기 때문에 그 냉혹한 세계에서 살아남을 수 있었으며, 그렇기에 도박사가 아니라 프로 포커 선수라고 불리는 것이다.

　사실 도박의 범위는 너무 넓어 이를 따져보는 일은 말처럼 쉽지 않다. 돈이나 그에 상응하는 가치를 지닌 것을 걸고 우연으로 결정되는 불확실한 사건에 내기를 하는 행위이면 모두 도박으로 볼 수 있기 때문이다. 우리나라의 전통 놀이인 윷놀이도 일정 금액 이상의 큰돈을 걸고 하면 도박이 된다. 반대로 일반적으로 대표적인 도박 게임으로 알려진 블랙잭이나 바카라, 포커 등의 게임도 돈을 걸지 않고 게임으로만 즐기면 도박이 아니다.

　도박의 종류도 다양하다. 한국의 전통적인 도박으로는 '투전'과 '골패'를 비롯해 '십인계', '쌍륙', '윷놀이' 등이 있으며 개항을 전후해 우리나라에 들어온 화투는 가장 잘 알려진 도박 게임이다. 화투로 할 수 있는 게임으로는 '고스톱'과 '도리짓고 땡', '섰다' 등이 있다. '트럼프'로 불리는 카드로 할 수 있는 '플레잉 카드' 도박에는 '바카라'를 비롯해 '블랙잭', '3카드 포커' 등이 있으며 기계식 도박으로는 '슬롯머신' 등이 대표적이다.

이 외에도 경륜, 경정, 토토, 드래그 레이스 등의 '스포츠 도박'과 경마, 개 경주, 소 싸움, 투견, 투계 등 '동물을 이용한 도박', 주사위로 하는 도박, 보드 게임, 복권 등 그 범위는 그야말로 엄청나다.

인류 역사상 도박은 어느 시대를 불문하고 꾸준히 존재해왔다. 도박의 역사는 인류의 출발과 함께했을 정도로 유구하다. 고대 인도에서는 주사위로 점을 치고 게임을 하는 등 도박에 이용한 기록이 있으며, 우리나라에서도 삼국 시대의 '저포'와 고려의 '격구', 조선 시대의 '투전'과 '골패' 등 도박으로 볼 수 있는 게임들이 오래전부터 행해졌다.

도박은 개인은 물론이고 가정의 파탄과 더불어 범죄로까지 이어지는 사회악으로, 동서고금을 막론하고 모든 집단과 사회, 국가 차원에서 대부분 엄격히 막아왔다. 하지만 그럼에도 불구하고 도박은 인류 역사의 매 시기 음성적으로 때로는 일부 양성화되어 성행해왔다.

도박을 금지하기 위해 수많은 관련법이 제정·시행되었지만, 그 법을 만든 국가와 자치단체들은 자신의 입장을 바꿔 도박을 허용하고 돈을 벌기도 했다. 19세기 중반 카지노가 생겨나고 미국의 라스베이거스 등 '어른들의 놀이터'로서 도박의 도시들이 성장하면서 도박의 합법화가 이뤄졌다.

이와 더불어 카지노가 세계적으로 확산하면서 도박은 현대인의 삶에서 분리될 수 없는 일부가 되었다고 해도 과언이 아니다.

이제는 누구도 도박에서 절대 자유로울 수 없다. 우리나라 국민 5,000만 모두가 이에 해당한다. 자신은 도박하지도 않고 해본 적도 없으므로 도박과는 거리가 멀다고 말할 수 있을지 모르겠다. 하지만 자신의 부모나 배우자, 자녀 등 친족이나 가까운 지인 중에 도박에 빠진 사람이 있을 수 있기에 그 누구라도 도박 문제에서 자유로울 수 없는 것이다.

그렇다면 도박은 질병인가? 나아가 우리 사회의 질서와 체계를 무너뜨리는 범죄일까? 도박과 관련해 국내에서 출판된 책들을 보면 도박을 질병이자 범죄라고 기술하는 쪽이 더 많은 것 같다.

그러나 필자는 '도박은 질병'이라고 못을 박는 견해에는 반대한다. 도박에 대한 열망은 '보편적인 인간의 본성'이라고 할 수 있다. 영국의 정치가인 E. 버어크(Edmund Burke)도 "도박은 선천적으로 갖추어진 인간의 특성이다"라고 말했다.

도박을 위해 전세금을 빼내거나 집을 파는 등 가산을 탕진하거나 자신의 생활 혹은 가정의 행복을 깰 정도로 도박에 취해 있다면 '질병'에 가까울 수 있다. 그러나 대부분의 도박은 질병이라고 볼 수 없으며 그런 시각은 위험천만하다.

도박을 간단한 오락 정도로 즐기는 사람이 있는가 하면, 약간 심하게 탐닉하는 사람, 도박에 빠져 패가망신에 이르는 사람 등 도박은 그 정도와 층위에 따라 다양한 단계가 존재한다.

그런데 간단하게 오락으로 즐기거나 탐닉하는 정도 수준의 '자기 절제'가 이뤄지는 단계를 질병으로 볼 수는 없다. 도박으로 인해 가정이 파탄 나고 경제적인 파산지경에 이르러 길거리에 나앉는 정도, 즉 병적인 도박 상태가 바로 질병에 가깝다고 할 수 있다.

필자의 이런 주장에 대해 오해하지 말길 바란다. 도박을 옹호하거나 조장하기 위한 것이 절대 아니다. 도박에 대해 확실히 이해하고 도박에 빠진 중독자에 대한 실효성 있는 치료를 위한 것이다.

특히 도박 중독자를 병자 취급하는 것은 중독자 치료에 절대로 도움이 되지 않는다는 게 오래전부터 필자가 가져온 생각이다. 도박 중독이 질병이라는 방식의 접근은 도박 중독자의 반발을 불러일으킬 뿐만 아니라 우리 사회에 만연해 있는 도박에 대한 왜곡된 이해와 인식을 더 악화시킨다. 더욱이 이와 같은 견해에서 나온 중독자 치료의 방식은 매우 단순해서 근본적인 치료가 불가능한 한계를 갖게 된다.

특히 심리치료를 위시한 상담 치료, 인지행동치료 등 기존 도박 중독자 치료 프로그램은 중요한 단계가 빠져 있다. 바로 전인적 치료의 단계로 이는 도박 중독이 질병이라는 기본 인식을 극복하고 인간의 본성에서 기인한 행위라는 사실을 긍정할 때만이 가능해진다.

무시할 수 없는 자살 원인 중 하나, 도박

"죽지 마세요"

뽀얀 먼지를 뒤집어쓴, 오래 방치된 차량에 손으로 눌러 쓴 짧은 문구가 섬뜩하다. 아마도 생을 포기하지 말라는 호소를 하는 것으로 보이는 글씨에서 누구든 이루 형용할 수 없는 안타까운 심정을 느낄 수 있을 것이다.

강원도 정선에 위치한 '강원랜드' 인근에서는 이렇게 방치된 차들을 쉽게 볼 수 있다. 강원랜드 주변 사북읍에는 수많은 전당포가 있는데 강원랜드에서 도박하는 이들이 전당포에서 돈을 빌리고 맡긴 차들이다. 빌린 돈마저 도박으로 날린 차주들이 자신의 차를 찾지 못하면서 방치된 것인데 일정 기간이 지나면 이 방치된 차들은 불법 대포차로 유통된다고 한다.

차를 맡기고 빌린 돈으로 도박을 한 사람들은 왜 다시 차를 찾아가지 않은 걸까. 그 빌린 돈마저 모두 카지노에서 잃고, 낙심해 삶의 의지마저 놓아버린 것은 아닐까. 강원랜드 근처에서만 볼 수 있는 방치된 차량의 저 섬뜩한 손글씨는, 우리 사회의 도박 문제가 얼마나 심각한지, 그리고 도박으로 파산해 생을 포기하는 이들이 얼마나 많을지를 가늠하게 하는 '바로미터'다.

강원랜드 주변에서만 볼 수 있는 희귀한 장면은 방치된 차뿐만이 아니다. 전 재산을 카지노에서 잃고 주변을 떠도는 '카지노 노숙자' 들을 심심찮게 만나 볼 수 있다. 이들의 숫자는 대략 1.000명 수준이며 이보다 더 많다고 보는 전문가도 있다. 이 가운데 절반이 자살을 생각하고 실제로 그 중 상당 비율이 자살을 감행하는 등 심각한 사회문제가 되고 있다.

언젠가 매스컴을 통해 우리나라의 교통사고 사망률이 전 세계에서 두 번째라는 뉴스를 접한 적이 있다. 한국은 세계에서 가장 빨리 경제적으로 성장한 나라이지만 특유의 급한 성질로 인해 교통 법규를 잘 지키지 않아 교통사고가 자주 발생하고 이로 인해 높은 사망률을 보인 것으로 매우 불명예스러운 일이다.

그러나 더 충격적인 것은 교통사고로 유명을 달리한 사람보다 자살로 생을 마감한 사람이 더 많다는 사실이다. 우리나라는 세계에서 자살하는 사람이 두 번째로 많고 OECD 국가 중에서는 단연 최고였다.

대한민국의 자살률은 일본보다 1.5배 높고 중국과 홍콩, 미국보다는 두 배가량 많다. 바레인이나 그리스보다는 무려 10배나 많은 상황이다.

최근에는 자살로 인한 사망자가 다소 줄었지만(2022년 10만

명당 사망자 수 25.20명), 아직 우리나라의 자살률은 세계 최고 수준이어서 '자살 공화국'이라는 악명은 여전하다.

그런데 자살의 원인 가운데 가장 높은 비율을 보이는 것이 바로 '경제적인 이유'였다. 즉, 돈 때문에 삶을 포기한다는 것이다. 그런데 경제적 이유로 자살하는 사람 가운데 도박으로 인해 돈을 탕진한 이들의 자살자 비중이 상당히 높을 것이라고 생각한다. 그러나 우리나라에서는 강원랜드 근처의 모텔 등에서 자살한 사람의 경우를 도박에 의한 자살로 본다. 도박으로 인한 경제적 손실로 자살한 사실이 알려지면 죽어서도 욕을 먹고 손가락질당하기에 많은 경우 숨기기 때문이다. 이것은 실로 엄청난 오류인 것이다.

2024년 전 세계 인구는 거의 81억 명이다. 2022년 4월 발표된 유엔보고서에 따르면 그 80억 명의 인구 가운데 2020년 기준, 하루 2달러 미만으로 생계를 꾸리고 있는 절대 빈곤자의 수는 8억 1,200만 명이나 된다고 한다. 이 데이터를 참고하면 전 세계 열 명 중 한 명이 절대 빈곤의 늪에 빠져 생을 힘겹게 이어가고 있는 것이다.

돈 때문에 소중한 목숨을 버려야 한다면 이 지구상에 사는 인구의 1/10은 다 자살해야 할 것이다. 그러나 현실은 다르다.

현재 우리나라에서 자살을 결행하는 사람들 가운데 당장 먹을 것이 없어 굶거나 정상적인 삶을 이어갈 수 없는 절대 빈곤자의 수는 많지 않다.

우리나라 자살자의 대부분은 심한 우울증 등 삶을 포기할 정도로 힘든 마음의 병을 앓고 있거나 스스로 처한 상황을 비관해 자살만이 유일한 해법이라는 결론에 이르러 생의 끈을 놓아버리는 케이스라고 할 수 있다. 또한 자살은 어느 특정한 한 가지 요인만이 아닌 다양한 요인들이 뒤섞여 시너지를 일으킴으로써 결국 자살에 이르는 사례가 큰 비중을 차지한다고 알려져 있다.

예를 들어 경제적인 문제 하나만으로 자살을 결심하는 사례는 그리 많지 않다. 경제적인 문제가 발생하면서 배우자와 가족과의 불화가 생기고 곧 친구나 동료 등 가까운 지인들과도 단절되며 시나브로 우울증에 빠져들게 된다. 그런 상태에서 자신의 처지를 비관하는 심정으로 전이되어 몇 날 며칠을 번민하다 결국 자신의 목숨을 끊는 길로 나아가게 되는 것이다. 즉 도박 중독자는 재산을 탕진함은 물론 가족과 친지, 친구들과의 관계가 단절되고 고립되면서 정신적, 육체적으로 건강을 잃게 된다. 이러한 다양한 요인들이 복합적으로 작용하여 결국 자살에 이르게 되는 것이다.

청소년을 비롯하여 우리 사회의 전 계층으로 불법 도박이 급속히 확대되고 있는 현 상황을 고려할 때 정부는 하루빨리 도박 문제에 대한 일반 국민의 이해와 인식을 높이고 도박 예방과 중독 치료 시스템을 확충, 보강해 나가야 한다. 이는 자살률 세계 1위라는 오명을 벗어나기 위한 지름길이 될 것이다.

카지노는 이길 수 없다

우리나라는 물론 여러 국가에서 경기가 침체하고 불황이 이어질수록 유독 성장하는 산업이 있다. 바로 '도박'이라 불리는 사행산업이다. 카지노를 비롯해 경마와 경륜, 경정과 같은 합법적인 도박은 물론 성인 오락실, 성인 PC방과 인터넷 도박 등 불법적인 요소가 있는 도박은 날이 갈수록 그 위세가 커지고 있는 형편이다.

카지노에는 흔히 없는 게 세 가지 있다고 한다. 바로 시계와 거울, 창문이다. 고객들이 시간 가는 줄 모르고 게임에 몰두할 수 있도록 한 것으로 놀라운 상술이 내포된 마케팅이라 할 수 있다.

많은 이들이 '일확천금'의 꿈을 갖고 도박에 빠져들고 있다. 그러나 도박은 장기적으로 볼 때 절대로 이길 수 없는 게임이다. 잠깐 몇 번의 게임을 이길 수는 있다. 특히 바카라 게임의 경우 보통 승률이 50%에서 크게 낮지는 않기 때문에 운이 따르면 단기전에서는 이길 가능성도 있다. 그러나 장기전으로 갈수록 필연적으로

지게 되어있는 것이 도박이다.

　도박을 오락의 수준에서 생각하면 상관이 없지만, 반드시 이겨야 하며, 현재 지고 있더라도 언젠가는 자신이 크게 이겨 돈을 딸 수 있다고 생각하는 것은 무모할 뿐 아니라 어리석은 생각이다. 도박에서 최종적으로 승리를 거두는 주체는 결국 카지노이다.

　도박을 하는 사람들 사이에서는 불문율처럼 떠도는 경구가 있다. '도박으로 돈을 벌려거든 도박을 할 것이 아니라 도박장의 주인이 돼라'라는 말이 그것이다.

　필자가 잘 아는 지인도 다음과 같은 고백을 한 적이 있다. "40년간 바카라(Baccarat)를 해왔는데 아직도 뱅커인지, 플레이어인지를 맞추지 못하다니. 정말로 도박은 절대로 이길 수 없는 게임이군."

　카지노가 만든 금세기 최고의 명작 '바카라'. 너무도 쉽게 카지노 돈을 딸 수 있다는 환상을 심어주면서 사람들을 유혹한다. 한편으로는 바카라 게임에 '미니멈(minimum)'과 '맥시멈(maximum)'이라는 게임 베팅 규칙을 만들어 카지노의 안전을 도모했다. 만약에 맥시멈 전략이 없었다면 사우디의 부호가 단숨에 카지노를 집어삼키고 무너뜨릴 수 있기 때문이다.

　2022년 8월 필리핀에 갔을 때의 일이다. 마닐라 공항에서 15분 거리에 위치한 '리조트월드(Resort World) 카지노'의 사장 하칸과 차를 한 잔 마시고 있었다. 말단직원으로 시작해 20년 이상 근무하고 사장 자리에까지 오른 하칸은 아주 여유있는 웃음을 띠며 포커 선수인 필자를 향해 말했다.

"카지노에서는 첫째가 바카라, 둘째도 바카라, 셋째도 바카라이다."

그렇다. 라스베이거스도, 마카오도, 유럽의 카지노를 비롯해 전 세계의 카지노에서도 가장 도박성이 크고 큰돈을 버는 게임이 바카라다. 우선 게임이 너무 쉽고 간단히 승부가 결정되며 어린아이도 금방 배울 수 있을 정도로 바카라는 아주 쉬운 게임이다. 남녀노소 누구나 쉽게 돈을 딸 수 있으며 동시에 아주 쉽게 큰돈을 잃을 수 있는 게임이 바카라인 것이다. 고객은 일단 베팅을 하고 나면 아무런 컨트롤을 할 수 없다. 그저 운에 맡겨 이기는가, 지는가의 승부가 있을 뿐이다.

이렇듯 아주 단순한 숫자놀이에 사람들은 울고 웃으며 밤을 지새우고 단 하룻밤 만에 수십억 원의 돈이 왔다가 사라지곤 한다. 바카라 테이블에 붙여진 컴퓨터 스크린에는 뱅커가 몇 차례 나오고 플레이어가 몇 차례 나왔는지 보여준다. 이를 참고해 사람들은 다음 게임에 어떤 것이 나올지 점을 친다.

사람들은 알고 있다. 앞에 나왔던 카드가 뱅커든, 플레이어이든 간에 다음 판의 승부와는 아무런 상관관계가 없다는 사실을. 그러나 사람들은 마치 귀신에 홀린 듯 컴퓨터 스크린을 뚫어지게 바라보며 게임에 몰두하면서 밤을 지새우고 또 지새운다. 제3자가 보면 정말 한심한 일이다.

고객의 입장에서 바카라 게임은 절대로 이길 수 없는 경기이다. 우리나라의 '홀짝 게임'과 비슷해서 얼핏 보면 승률이 반반 즉,

'50% 대 50%'일 것 같지만 뱅커에 베팅을 해 승리했을 경우 카지노가 가져가는 5%의 커미션(수수료)을 고려하면 당연히 카지노의 승률이 높다. 몇 차례 게임을 이길 수도 있으나 경기의 횟수를 계속 늘려갈수록 도박자의 실제 승률은 계속 낮아질 수밖에 없다. 특히 카지노는 무조건 카지노가 이기게 되어 있는 판만을 짠다.

2007년 중국 마카오에 '스타월드(Star World) 카지노'가 포커룸을 열었다. 마카오 카지노 시장은 중국의 발전과 더불어 큰 성장을 거듭하며 세계 최대 도박의 도시 라스베이거스의 아성을 위협하고 있다. 연간 총매출에서 이미 라스베이거스를 능가하고 있다는 통계도 있다.

이즈음에 마카오 포커룸이 개장했다는 빅뉴스를 듣고 필자도 로스앤젤레스에서 홍콩을 거쳐 마카오에 방문하게 되었다. 스타월드 호텔에 여장을 풀고 포커룸이 있는 2층으로 올라갔다. 그곳에서 엄청난 광경을 목격했다.

한 테이블에 유독 사람들이 웅성거리며 몰려 있어 궁금증이 생겨 가보았다. 바카라 게임이 벌어지고 있었는데 40대 중반으로 보이는 한 남성과 그의 일행인듯한 두 여성이 게임 테이블에 앉아 있었다. 놀라운 것은 게임 테이블에 놓여있는 칩이었다. 일반인들이 쓰는 보통 칩이 아닌, 이른바 '떡칩'으로 명명되는 칩이었다. 직사각형 모양의 붉은 이 칩의 한 개의 가치는 무려 홍콩달러로 100만 달러, 한화로 1억 5,000만 원짜리였다.

중국인으로 보이는 그 40대 남성은 한 게임에 두 개의 칩을 베팅하고 있었다. 우리 돈으로 무려 3억 원이 넘는 금액을 매번 베팅하고 있었는데, 계속해서 게임을 지고 있었다. 그는 게임이 진행될수록 무표정으로 일관하고 있었는데 아마도 상당한 거금을 잃은 듯 보였다. 매번 남성이 패배할 때마다 주위의 인파는 안타까운 탄성만 내지르고 있었다.

이윽고 자신의 앞에 있던 칩을 모두 소진하자 남성은 가만히 옆에 앉아 있던 여성에게 귀엣말로 속삭였다. 여성은 아무런 대답 없이 큰 가방에서 100만 달러짜리 '떡칩' 10여 개를 남성에게 건넸다.

칩을 건네받은 남성은 이번에는 3개의 칩을 베팅했다. 무려 5억 원에 가까운 돈으로 웬만한 아파트 한 채 값에 달하는 거액이었다. 주위에서는 또 한 번 탄성이 흘러나왔다.

남성은 '플레이어'에 베팅했는데 딜러가 각 두 장의 카드를 '딜'하고 나자 남성은 딜러에게 '뱅커'의 카드를 먼저 공개하라고 지시했다. 딜러가 카드를 공개하자 'K'과 'A'가 나왔다. 바카라는 우리말로 '가보잡기' 게임인데 카드의 합이 9에 가까운 쪽이 이기는 게임이다. '뱅커'는 단 '1끗'을 잡은 것이었다. 남성은 자신의 카드를 아주 천천히 들여다보았고 이윽고 카드를 공개했다. 'Q'와 '3'으로 '3끗'이었다.

남성이 '두 끗'이 높으니 상당히 유리한 상황이었다. 딜러가 다시 플레이어에 한 장 그리고 뱅커에 한 장씩 카드를 놓았다. 남성은 곧 딜러에게 카드를 '오픈'하라는 신호를 보냈고 딜러가 카드를 뒤집자 'A'가 나왔다. 뱅커의 최종 결과는 '두 곳'이었다.

남성은 무표정으로 자신의 카드를 쪼이고 있었다. 순간 필자는 카드를 만지는 남성의 손이 아주 미세하게 떨리고 있음을 직감했다. 그는 생각보다 너무 오래 카드를 보고 있었다.

카드의 종류는 A부터 2, 3, 4, 5, 6, 7, 8, 9, 10, J, Q, K 등 모두 13종인데 남성이 패배하려면 7과 8, 두 장 중 하나의 카드를 쥘 때 뿐이다. 그의 패배 확률은 2/13로 매우 낮았다. 9카드를 쥐면 비기게 되고 나머지 카드를 쥘 경우 무조건 이기는 게임이었다. 그 남성의 승률은 10/13 즉, 77%에 이르렀다.

긴장되는 순간 주위를 둘러싼 20여 명의 군중은 숨을 죽이며 남성의 표정을 지켜봤다. 이윽고 남성은 자신의 패를 공개했다. 8이었다. 비기는 카드까지 계산하면 질 수 없는 확률이 85%인 상황에서 그는 또다시 패배한 것이었다.

필자는 바로 그 자리를 떠났다. 그 게임은 더 보나 마나 승부가 끝난 것이었다. 불과 5~10분 사이에 그 남성은 20억 원이 넘는 돈을 잃었고 아무리 돈이 많다고 하더라도 남성이 돈을 따기는 거의 불가능에 가까웠다.

라스베이거스에서도 사우디의 왕자나 귀족 정도는 되어야 헬기를 타고 카지노 호텔 옥상에 내려 맨 꼭대기 펜트하우스에서 게임을 하고 즐길 수 있다. 한 판에 1억 원 이상 베팅할 수 있는 경우는 세계 어느 나라 카지노를 가도 일반 카지노 고객들은 구경조차 할 수 없는 상황이다.

아마도 그 중국 남성은 카지노 측에 일반 카지노 테이블에서 게임을 하겠다고 요구했을 것이다. 그 정도 거금을 베팅할 수 있는 능력이 있는 고객이라면 그런 요구는 당연히 들어줄 수 있을 것이다. 이와 같은 경우는 매우 특수한 상황이어서 많은 이들이 구경을 했을 것이고 아마도 그 남성은 이를 내심 즐겼으리라.

보통 라스베이거스의 거부들은 자신의 신분을 밝히기 꺼려해 아예 자신이 묵고 있는 방으로 바카라 테이블을 가지고 오라고 요구하기도 한다. 카지노는 고객의 어떤 요구라도 절대 거절하지 않는 것이 불문율이다. 물론 자체 규정 위반이나 불법적인 요구는 예외일 테지만.

앞의 사례에서 보듯, 카지노 게임에서 바카라만큼 무서운 게임이 없다. 필자가 30여 년간 전 세계 카지노를 돌아다녔지만, 바카라로 돈을 번 사람은 단 한 명도 보지 못했다. 너무 쉽고 단순해 자신이 돈을 딸 수 있다고 착각하게 만드는 게임이 바카라다.

필자도 젊은 시절에 바카라 게임을 하면서 많은 돈을 잃었다. 언젠가 장난삼아 바카라 게임에 도전했다가 무려 15핸드를 연속으로 진 적도 있었다. '홀이냐, 짝이냐'의 게임에서 어떻게 한쪽이 연속으로 열다섯 번을 연이어서 질 수 있단 말인가.

아무리 생각해도 불가능해 보인다. 수학적 확률로 볼 때 절대로 일어날 수 없는 불가사의한 일이다. 그러나 카지노에서는 벌어져 왔고 지금도 벌어지고 있으며 앞으로도 벌어질 일이다.

필자가 포커 세계 챔피언이 된 후로는 도저히 바카라 게임을 이길 수 없음을 인정하고 잃어버린 돈을 포기했다. 그 후로는 큰돈을 걸지 않는 선에서 바카라 게임을 즐긴다. 술을 마시고 잠이 오지 않을 때나 가벼운 마음으로 두세 차례 베팅하는 선에서 바카라 테이블에 앉는다. 애초 돈을 딸 생각을 하지 않고 그냥 시간을 보내는 정도에서 그치는 것이다.

전 세계에 약 4,000여 개의 카지노가 있다. 그 모든 카지노의 주된 수입원은 바카라로 모든 게임에서 단연 1위이다. 바꿔말하면 고객이 가장 쉽게 빠질 수 있는 게임이 바카라이며, 바카라에 빠지면 쉽게 헤어 나올 수 없다.

왜 그럴까? 단 몇 초 만에 승부가 결정 나는 방식도 방식이거니와 그 짧은 시간에 돈을 딴 경우 마치 마약처럼 그 기억과 느낌이 머릿속에 맴돌며 자극하기 때문이다.

단언하건대, 바카라는 단기적으로는 몇 게임 이길 수 있지만, 장기적으로는 이 지구상에 그 누구도 이길 수 없는 '넘사벽'의 게임이다.

대중적으로 잘 알려져 남녀노소 할 것 없이 인기가 높은 기계식 게임인 슬롯머신도 마찬가지이다. 기계에 따라 약간의 차이는 있지만, 슬롯머신의 승률은 40% 내외에 불과하다. 바카라와 슬롯머신 외에도 카지노에서 이뤄지는 모든 게임은, 적게는 3%에서 많게는 '10%+α'만큼이나 카지노가 유리하도록 설계되어 있다. 이 3%에서 10%+α의 승률 차이가, 매일 24시간 연중무휴로 돌아가는 카지노에게 엄청난 부를 축적하게 해주며 '황금알을 낳은 사업'으로 자리할 수 있도록 해주는 것이다.

　미국의 카지노에서 활약할 때 재미있는 사건이 하나 있었다. 미국의 MGM 카지노에서 발생한 사건이었는데 당시 미국 매스컴에도 대서특필 될 정도로 유명한 사건이었다.

　이 카지노에 중국인 VIP 고객 5명이 와서 바카라 게임을 즐겼다. 평소 많은 자금을 갖고 게임을 했던 고객들이었기에 카지노 측에서는 아무런 경계 없이 게임을 진행했다. 그런데 시간이 지날수록 예측하지 못했던 이상한 상황이 연출되었다. 중국인 고객들은 어느 순간부터 연전연승을 기록하며 단 며칠 사이에 500만 달러, 한화로 약 50억 원이 넘는 돈을 딴 것이었다.

　카지노가 발칵 뒤집혔다. 그동안 전례가 없었던 일이었다. 관계자들은 게임장 주위에 설치된 16대의 CCTV를 일일이 꼼꼼하게 확인하며 부정행위가 있는지 점검했다. 그러나 전혀 이상한 낌새는 보이지 않았다.

　결국 카지노 측에서는 프로 포커 선수들을 기용해 문제점을 밝혀냈다. 이들 중국인 고객들은 게임 전부터 바카라 통을 바꿔치기하는 사기술을 써서 승률을 올린 것이었다. 이들은 카지노 내부 직원까지 매수해 치밀하게 사기를 모의했다.

　게임의 내용을 담은 CCTV에 문제점이 드러나지 않자 조사를 맡은 프로 포커 선수들은 게임 전 며칠 동안의 CCTV를 확인해 바카라 통이 바꿔치기 된 사실을 확인했다. 예리한 눈썰미와 상황을 읽는 동물적인 감각이 있었기에 가능했다. 사기를 친 5명의 중국인 중 두 명은 이미 출국한 상태였고 세 명의 범인만 검거가 되었다.

미국 카지노 계에서 한동안 회자 되었던 이 사건은, 바카라 게임에서 도박자가 결코 카지노를 이길 수 없다는 사실을 뒷받침해 주는 에피소드다. 사기를 통해 카지노의 돈을 딸 수는 있을지언정 정당한 방법으로 장기간 게임을 해서 돈을 따는 것은 불가능에 가깝다.

카지노는 호화로운 최첨단의 건물에, 호텔과 고객을 유치하기 위한 온갖 공연 등 프로그램에 쏟아붓는 돈을 비롯해, 오랫동안 카지노에 머무르는 고객들에게 식사는 물론 술과 각종 서비스를 무료로 제공하며 손님을 유혹한다.

이뿐만이 아니다. 마일리지가 높은 고객들에게는 전용 리무진을 제공한다. 최고급 스위트룸에 무료 숙박은 물론이다. 이처럼 고객들을 유치하기 위해 온갖 서비스를 제공하면서도 카지노가 손해를 보지 않고 나날이 부를 축적하는 이유는 자명하다. 고객들이 게임에서 잃은 돈이 고스란히 카지노 수입으로 연결되기 때문이다.

다시 한번 강조하지만, 카지노를 상대로 해서 몇 번은 승리할 수는 있어도 지속해서 장기간 이기는 방법은 없다. 카지노에서 한두 번 돈을 딴 사람들은 당시의 짜릿한 희열감을 잊지 못해서, 혹은 카지노를 상대로 더 큰돈을 딸 수 있다는 자만심과 착각에 빠지면 전 재산을 잃을 수밖에 없다.

필자가 경험한 바로는 카지노에서 도박으로 300만 달러에서 700만 달러까지 최대 3년 동안 계속해서 돈을 딴 사람은 몇 차례 본 적이 있긴 하다. 그러나 결국 그들은 딴 돈은 물론 자기자본까지다 잃고 말았다. 10년 이상 장기적으로 돈을 딴 사례는 단 한 명도 없다.

만약 카지노를 상대로 장기적으로 게임을 해 이길 수 있고, 계속 그 방법이 게이머들에게 사용되었다면 이 세상에 존재하는 모든 카지노는 이미 오래전에 다 문을 닫았을 것이다. 카지노는 잃어도 아깝지 않을 정도의 돈을 쓰며 즐기고 노는 곳이지, 결코 큰돈을 버는 '황금어장'은 아니다. 도박은 그러므로, 장기적으로 절대 이길 수 없는 게임인 것이다.

도박, 알고 할 때와 모르고 할 때는 천지 차이이다

필자는 미국 라스베이거스에서 프로 포커 선수로 활동해 오면서 미국은 물론 유럽과 남미, 아시아 등 전 세계 카지노를 두루두루 방문해 게임을 즐겨왔다. 그러나 결코 카지노를 상대로 싸우는 것이 아니고 고객끼리 싸우는 포커 게임을 했다.

그 가운데 유럽 카지노가 상당히 인상적이었는데, 유럽인들의 성향 그대로 매우 신사적이고 기본적인 게임 예절이 갖춰져 있다. 심지어 영국 같은 나라의 카지노는 격식 있는 의복을 갖추지 않으면 입장조차 할 수 없을 정도로 엄격히 관리되고 있다.

그런데 유럽인들은 다혈질에다 게임의 승리에 대한 의욕이 넘쳐 필자가 그러한 성향을 잘만 역이용하면 쉽게 게임을 이길 수 있다. 영국 프로축구 프리미어 리그의 관중들을 보면 잘 알 수 있다. 그들이 얼마나 게임에 열광하고 다혈질의 기질을 가졌는지 말이다.

그런데 그런 유럽인들은 한국인이 카지노에 오면 먼저 눈살을 찌푸리기 일쑤다. 필자가 전 세계 카지노를 다니면서 가장 가슴 아프고 속이 쓰린 것은, 한국인 게이머들에 대한 유럽인들의 이런 태도이다. 그들은 한국인들을 무식하고 예의가 없으며 볼썽사나운 민족으로 낮추어 본다. 때로는 한국인들을 봉으로 생각하고 이용하기도 한다.

한국을 떠나 오랫동안 미국에서 살다 보니 자연스럽게 조국에 대한 그리움이 커져 애국자가 되었다. 미국에서는 물론 유럽이나 중남미 등 한국이 아닌 타국에서 한국인들이 그렇게 욕을 먹고 차별대우를 받으면 나도 모르게 머리털이 곤두서고 화가 치민다.

유럽인들이 한국인 게이머들을 깎아내리는 이유는 바로 도박에 대한 기초상식이 없이, 즉 멋모르고 도박을 하기 때문이다. 특히 한국인들은 게임을 하다 돈을 잃게 되면 이성을 잃고 욕설을 내뱉거나 카드를 집어 던지는 등 매너 없는 행동을 하는 사례가 너무나 많다.

도박에 대한 기본적인 상식이 없는 상태에서 게임을 하니 외국에 나가 일종의 '호구'짓을 하는 것이고 돈을 잃고 거기에다가 예의범절에 어긋나는 행동을 함으로써 외국인들에게 욕을 먹는 악순환이 되풀이되고 있는 것이다.

도박을 알고 하는 것과 모르고 하는 것의 차이는 엄청나다. 최소한 도박에 대한 이해와 기본적으로 알아야 할 규칙과 승률에 대한 지식이 있어야 게임에서 패배했을 때 왜 자신이 돈을 잃었는지를 알 수 있게 된다.

한국인들이 가장 좋아하고 많이 하는 카지노 게임인 바카라의 경우를 생각해보자. 바카라는, 필자가 잘 아는 카지노인 필리핀의

'리조트월드' 사장이 "카지노에선 1번도 바카라, 2번도 바카라, 3번도 바카라"라고 입버릇처럼 말할 만큼 인기가 있고 카지노 입장에서는 돈을 벌어주는 효자와 같은 게임이기도 하다. 그만큼 바카라 게임에서 카지노 승률이 높다는 얘기다.

바카라 게임에서 뱅커가 승리할 확률은 45.9%, 플레이어 승률은 44.6%다. 그리고 무승부가 나올 확률은 9.5%로 어느 쪽이든 승률이 50%를 넘지 못한다. 이 말을 뒤집어보면, 장기적으로 게임에 임했을 때 이익을 남길 수 있는 것은 카지노일 수밖에 없다는 것이다.

바카라와 함께 한국인이 좋아하는 게임의 하나인 블랙잭을 살펴보자. 2008년 제작된 로버트 루케틱(Robert Luketic) 감독의 할리우드 영화 〈21〉은 블랙잭을 소재로 한 영화로 메사추세츠공과대학(MIT) 출신 천재들이 '카드 카운팅(Card counting)'을 통해 라스베이거스의 카지노를 무너뜨린다는 내용의 오락영화다. 이 영화는 MIT대학의 수학 교수가 뒷돈을 대고 머리가 뛰어난 6명의 학생이 라스베이거스 카지노에서 블랙잭 게임에서 엄청난 돈을 딴 실화를 모티프로 해서 만들었다.

실제로 필자도 카지노에서 블랙잭을 하며 카드 카운팅을 시도한 적이 있다. 그리고 카드 카운팅을 통해 카지노보다 승률을 높여 유리한 국면을 만들 수도 있다. 카드 카운팅의 방법도 몇 가지가 존재하는데 이를 세밀하게 운영해 게임에 임하게 되면 승률을 최대 55%까지 올릴 수도 있다. 일반적으로 누구나 쉽게 할 수 있는 카드 카운팅만으로도 51~52% 정도의 승률은 가능하다고 할 수 있다.

그러나 앞에서 언급했던 것처럼 카지노는 절대로 지는 게임을 하지 않는다. 더욱이 카드 카운팅을 잘하는 도박사들을 카지노가 가만 놔둘 리 없다. 카드카운팅은 고객의 머릿속으로 자신에게 유리한 카드와 불리한 카드의 숫자를 외우는 것으로, 법적으로는 아무런 하자가 없다.

하지만 카지노에게는 아무런 이유 없이도 고객을 내쫓을 수 있는 권한이 있다. 고객이 게임 중에 카드 카운팅을 하면 카지노의 매니저들도 같이 카드 카운팅을 하고, 고객이 카드 카운팅을 하고 있다는 사실이 드러나면 가차 없이 그 고객에게 나가달라는 요청을 한다.

필자가 아는 한 회계사가 있었다. 로스앤젤레스에 적을 두고 활동하는 그는 한동안 주말마다 라스베이거스로 건너가 블랙잭을 즐기며 꽤 많은 수입을 올렸다. 그런데 언제부턴가 그는 주말에 라스베이거스에 가지 않았다. 의아한 마음에 그에게 이유를 물었더니 매우 놀랄만한 대답이 돌아왔다. 카지노에서 그에게 "그만 나가달라. 그리고 다시는 발을 들이지 말라"는 통보를 받았다는 것이다. 일단 한 카지노에서 블랙리스트에 오르게 되면 그 정보를 다른 카지노와도 공유하므로 다른 카지노에도 출입할 수 없다.

온종일 숫자와 씨름하는 회계사를 직업으로 가진 그이다 보니 게임에서 한번 본 카드의 숫자는 모조리 외우다 보니 자연스럽게 승률이 높아져 돈을 벌 수 있었던 것이다.

영화 〈21〉에서 '벤 켐블'역을 맡은 주인공인 짐 스터게스(Jim

Sturgess)는 하버드대를 나온 수재로 실제 포커 선수로도 활약 중인 도박사다. 그런데 그는 블랙잭을 할 때 카드 카운팅으로 승률을 높여, 지금은 카지노 블랙잭 게임장에 출입이 금지되는 '블랙리스트'에 올라있는 선수로 알려져 있다.

최근에는 카지노 게임장이 이미 나왔던 카드를 다시 머신에 바로 넣어버려 카드 카운팅을 할 수 없도록 세팅되어있어 원천적으로 블랙잭 게임에서 고객이 이길 수 없는 상황이 되었다. 카드 카운팅으로 그나마 일발의 고 승률을 올릴 기회조차 없어진 것이다.

이처럼 카지노에서 도박할 때 고객이 승리할 모든 가능성은 다 막혀버렸다. 이러한 사실을 알지 못하는 사람들은 도박하면서 자기 나름대로 자신만이 신뢰하는 철칙을 세워 도박에 임하지만, 결과는 늘 똑같다.

이렇게 도박의 실체를 모르고 하는 사람들은 자신과 비슷한 사람들끼리 만나 서로 잘못된 정보를 주고받는다. 소경이 소경을 인도하는 꼴이다. 엉터리 정보를 주고받아봤자 그 잘못된 정보가 카지노와의 싸움에서 절대로 승리를 가져다줄 수는 없다.

카지노를 상대로 게임을 해서 절대로 승리할 수 없다는 사실을 인식한 후 베팅을 하는 사람들도, 막상 베팅하다 보면 타인보다 운이 좋아서 혹은 자기 나름의 승리할 수 있는 노하우가 있다는 자신감으로 돈을 딸 수 있다는 무모한 생각을 할 수도 있다.

그러나 카지노가 생긴 이래 지금까지 개발된 어떤 시스템, 최고의 도박사가 체험한 어떠한 노하우로 카지노를 이긴 사례가 단기적으로 몇 차례 있긴 했으나 장기적으로는 카지노 역사상 지금까지 단 한 번도 없었다는 사실을 꼭 머릿속에 기억하길 바란다.

카지노나 인터넷 도박보다 건전한 것처럼 보이는 스포츠 도박 역시 마찬가지다. 한일전 축구 경기를 대하는 한국인들의 감정과 정서를 생각해보자. 청산할 수 없는 과거 역사의 흔적이 경기를 대하는 한국인들의 마음 깊은 곳에 담겨 있다. 다른 경기는 다 져도 상관없지만, 일본전은 반드시 이겨야 한다는 생각이 한국인의 뇌리에 꽉 차 있다. 그렇기에 응원은 다른 국가들과의 경기에서보다 더 열렬하고 광적이다. 반드시 이겨야 할 경기기에 응원으로 선수와 팀에게 힘을 보태는 것이다.

그런데 영국을 비롯한 유럽 지역의 프로축구 경기는 이와는 조금 결이 다르다. 특히 잉글랜드 프로축구인 프리미어 리그의 관중은 엄청나게 열광적이다. 광적인 축구팬을 이르는 '훌리건 (hooligan)'은 술이나 마약을 복용한 상태로 쇠 파이프 등 무기를 들고 난동을 벌일 만큼 광적이다.

그런데 이처럼 광적인 많은 축구팬들이 경기에만 빠져들어 열광하는 것은 아니다. 적지 않은 수의 관람객들은 자신들이 응원하는 팀에 돈을 베팅하고 경기를 관전하기 때문이다. 경기도 이기고 돈도 딴다면 그야말로 '금상첨화'가 아닌가.

유럽의 스포츠 도박에 빠진 이들은 해당 경기에 임하는 출전팀의 성적은 물론 상대 팀과의 상대 전적, 출전 선수의 당일 컨디션 등 모든 외적 요소들을 충분히 연구하고 검토해 그 경기에서 승리할 가능성이 큰 팀에게 베팅한다.

스포츠 도박은 카지노 등 다른 도박과 비교해 건전한 듯 보이지만, 결과를 예측할 수 없고 따라서 승률을 보장할 수 없으므로 도박이라 할 수 있다.

우리나라도 2001년부터 이른바 '스포츠 토토'로 불리는 '체육진흥투표권'이 도입되어 시행되고 있다. 축구, 농구, 야구 등 스포츠 경기를 대상으로 경기 결과를 예측, 돈을 걸고 실제 경기 결과에 따라 순위별로 환급금을 받는 게임이다.

그런데 이 스포츠 토토도 고객이 돈을 딸 수 있는 승률은 아주 낮은 수준이다. 전체 매출액의 50%만이 당첨금으로 지급되기 때문이다.

스포츠 토토를 운영하는 '스포츠토토코리아'는 정기적으로 도박 중독 예방 캠페인을 벌이고 있다. 판매점주에게는 과몰입 유도 행위를 하지 않겠다는 내용의 '건전 운영 서약서'를, 이용고객에게는 소액으로 건전하게 투표권을 구매하겠다는 '건전 구매 서약서'를 받는 등 도박 중독 예방을 위한 계도 활동을 활발히 진행하고 있다. 뒤집어 말하면 그만큼 스포츠 토토를 통한 도박 중독이 심각하다는 사실을 방증하는 것이다.

필자의 오랜 지인 가운데 재미교포 친구가 있다. 그는 UCLA를 졸업한 수재로, 포커도 잘 치고 바둑도 수준급이어서 교포들에게 잘 알려져 있다. 모든 것이 완벽할 정도로 뛰어난 그가 어느 순간 스포츠 도박에 빠져 모든 것을 잃고 순식간에 추락하는 모습을 보고 경악했던 기억이 난다.

그는 스포츠 도박에 한화로 약 25억 원 가량을 잃고 그것이 화근이 되어 아내와 이혼하고 아들하고도 관계를 끊고 쓸쓸히 살아가고 있다. 언젠가 골프장에서 그를 우연히 만났는데 평소 골프를 잘 치던 그가 골프를 치러 온 것이 아니라 답답한 마음에 '퍼팅' 연습을 위해 가끔 골프장에 들른다고 했다. 그렇게 명석하고 사회적으로도 잘 나가던 그가 이제는 주 정부가 주는 기초생활비로 쓸쓸한 인생 후반기를 보내고 있었다. 스포츠 도박으로 인해 한 인생이 그렇게 파탄이 날 수도 있는 것이다.

스포츠 도박의 폐해가 이렇게 크고 실제로 사회적으로도 엄청난 문제를 유발하고 있는데도 정부는 사실상 방치하고 있는 형편이다. 한국의 도박사들은 국내를 넘어 라스베이거스 스포츠 도박에도 손을 뻗어 돈을 베팅하고 있다.

모든 카지노 게임은 베팅하는 고객보다 카지노가 더 유리하게 설계되어 있다는 절대불변의 진리를 알고 도박하는 것과 이런 사실을 모르고 하는 것의 차이는 하늘과 땅의 차이만큼 크다.

혹시라도 자신만의 베팅 시스템을 만들어 돈을 벌 수 있다고 생각하는 사람이 있다면 그는 다시는 카지노에 발을 들이면 안 된다. 다시 한번 말하지만 카지노가 생긴 이래 지금까지 수많은 도박사가 카지노를 이길 방법을 찾기 위해 모든 것을 쏟아부어

연구했음에도 카지노에서 돈을 벌어 성공한 사람은 단 한 명도 없다고 보는 것이 좋다.

도박에 빠지기 쉬운 한국인의 특성

꽤 오래전 신문 기사를 통해 알게 된 어느 부녀의 이야기를 소개해 볼까 한다. 우리나라에서 로또복권이 처음으로 발행된 것은 지난 2002년이었다. '로또(Lotto)'라는 말은 이탈리아어로 '행운'이라는 의미를 갖는데 1530년 이탈리아 피렌체에서 처음으로 번호 선택식 복권으로 발행되었다. 무려 500년 가까이 유지된 셈이다.

2005년 무렵의 일이니, 로또가 우리나라에서 발행된 지 약 3년이 된 초기에 일어난 사건이다. 한 증권회사에 다니던 전도유망한 여직원이 있었는데 그녀는 홀아버지를 모시고 사는 효녀였다. 그녀는 어떠한 우연한 기회에 로또 번호를 맞출 수 있는 황당한 패턴을 연구하였고 나름대로 정밀한 로또 확률계산을 통해 1등을 할 수 있다는 확신을 했다. 아버지를 설득해 회사를 그만둔 그녀는 매주 로또에 운명을 걸고 도박을 했다.

부녀는 먹는 것도, 입는 것도 줄이며 확률놀음을 통해 팔자를 바꾸려 무진 애를 썼다. 그러나 예상한 것과 달리 번번이 실패를 맛봐야 했다. 가끔 4~6등에 당첨이 되었지만 정작 기대했던 큰돈을 받을 수 있는 등수에는 오르지 못했다. 부녀는 모아둔 돈과 회사 퇴직금을 모두 날리고 거리에 나앉게 되었다.

부녀는 정밀한 수학적 확률을 통해 당첨될 수 없다는 사실을 절실히 깨달았지만 이미 수중의 돈은 모두 날린 후였다. 결국 딸은 스스로 목숨을 버리는 극단적 선택을 했고 빈털터리 신세의 아버지만 세상에 홀로 남았다.

이러한 무모한 확률 게임에 모든 것을 건 사례는 비단 위의 사례만이 아니다. 이처럼 한국인들은 특히 도박에 취약한 심성을 갖고 있다. 그래서 도박에 더 빠지기 쉬울 뿐만 아니라 자기 확신에 따라 정말로 말도 안 되는 확률에 모험을 건다.

한국마사회의 유캔센터는 '도박에 빠지기 쉬운 유형'을 다음과 같이 선정했는데 이 가운데 상당수가, 산업화로 인해 발생한 빈부 격차, 황금만능주의 등 급격한 경제 발전의 부정적 이면이 드러난 한국 사회에서 찾아볼 수 있는 유형이다.

'도박에 빠지기 쉬운 유형'은 도박 참여시 대박을 경험한 후 추가적 기대가 높은 유형을 비롯해 돈과 관련한 문제가 있는 유형, 최근 부부 갈등이나 실직은퇴가까운 사람의 사망 같은 환경 변화를 겪은 유형, 건강에 대한 염려나 신체적·정서적 고통 완화를 위해 도박하는 유형이 있다.

또한 관심사나 취미가 별로 없고 삶의 방향을 잡지 못한 유형, 모험을 좋아하고 계획 없이 충동적으로 행동하는 유형, 기분이 나쁜 일이 있을 때 이에 대한 대처로 도박하는 유형과 자주 우울하거나 불안하며 외로움을 느낄 때 도박하는 유형, 도박에서 이길 확률을 높이는 방법이 있다고 생각하는 유형 등이다. 특히 한국인들 가운데 위와 같은 유형이 많다는 사실은 한국 사회가 도박 문제에 더 깊이 그리고 더 신중하게 고민하고 대처해야 함을 방증한다.

다른 나라, 특히 멕시코나 필리핀 같이 기후가 더운 나라의 국민은 상대적으로 도박 성향이 낮다. 멕시코인들의 경우 놀고 즐기는 걸 상당히 좋아하며 즐긴다. 그들은 돈을 벌면 그 주의 주말이나 휴일에 다 쓴다. 며칠 뒤, 한 달 후를 고민하지 않는다.

경제적으로 부유하거나 넉넉한 국가들은 아니지만, 그 나라의 국민은 적게 벌어도 그 적은 돈으로 즐기며 산다. 특히 멕시코의 경우 나이트클럽과 카지노를 동시에 열면 카지노는 망하고 나이트 클럽은 성행한다는 우스갯소리가 있다. 그들은 더 많이 벌려고 아등바등하지 않으며 순간을 즐기기 위해 사는 사람들처럼 여유롭다. 그런 국민성은 상대적으로 도박에 쉽게 빠지지 않는다.

필자가 미국에 건너간 초기에 워커맨 사업을 시작한 적이 있었다. 당시 사업이 생각보다 잘되어 멕시코인 5명을 채용해 사업을 벌였었는데 그때 멕시칸들의 성향을 알 수 있는 계기가 있었다.

한번은 다량의 워커맨을 주문받아 큰돈을 벌게 되었다. 그래서 멕시칸들에게 보너스를 지급했다. 그랬더니 이들이 일을 나오지 않는 것이었다. 많은 돈이 생기자 당장 일하기보다 놀기에 바빴던 것이었다. 결국 필자 혼자 일해야 했다. 며칠 후 멕시칸들이 돌아왔다. 그들에게 지급했던 보너스가 다 떨어진 것이었다.

단적인 사례지만 이처럼 멕시칸들은 돈을 벌면 저축하기보다 그 자리에서 써버리는 습성이 있다. 한국인은 한 푼이라도 아끼고 저축하는 습성이 강한데 이들은 정반대로 살아간다. 삶에 대한 가치관과 성향이 크게 다르다.

이러한 멕시칸의 삶의 방식이 어쩌면 더 행복한 것인지도 모르겠다고 생각해본 적이 있다. 돈을 모으고 일 년 뒤 아니 십 년, 삼십 년 뒤를 걱정하고 준비하며 사는 삶, 다섯 살짜리 자녀의 장래를 미리 걱정하는 삶이 과연 행복한 삶일까?

우리나라 국민의 성향은 돈을 아끼고 피눈물 흘려가며 자녀 공부시키고 그 자식을 위해 모든 애착을 쏟아낸다. 돈에 대한 집착과 자식의 미래에 대한 집념은 교묘히 도박성과 연결된다. 즉, 인생 자체가 고도의 집중력이 요구되는 '한판 승부'인 것이다.

그러나 애석하게도 자신이 번 돈을 다 쓰지 못하고 죽는 비율이 모든 인간 중 93%라는 통계가 있다. 아등바등해가며 돈을 벌어봤자 열에 아홉은 자신이 번 그 돈이 자기 것이 아니라는 얘기다.

필자의 친누나는 현재 샌디에이고에 살고 있는데, 예전에 한국에 있을 때 지금의 역삼동 지역에 있는 말죽거리에 땅을 사놓고 있었다. 미국에 들어갈 때 이 땅을 팔려다 팔지 못하고 들어갔는데 그렇게 잊힌 땅이 금싸라기 땅으로 변해 어마어마한 부자가 되었다.

그런 거부임에도 이 누나는 어릴 적 어려운 형편에서 몸에 밴 검소한 생활을 벗어나지 못해 돈을 쓸 줄 모른다. 필자가 누나에게 멋도 좀 부리고 여기저기 다니면서 돈을 써보라고 권유도 해보지만

통 먹히지 않는다. 자녀들도 잘 가르쳐 좋은 직업을 갖고 돈도 잘 벌고 있어 누나의 돈이 크게 필요 없는 상황이다.

그러나 누나는 돈을 쓰지도 못하고 돈을 쓰는 법도 모른다. 돈을 아끼려 점심도 5달러짜리 순두부찌개나 김치찌개로 때우고 10년 이상 된 옷으로 계절을 나기도 한다.

돈이란 쓰지 않으면 종잇조각, 휴짓조각에 불과할 뿐이다. 그 많은 돈을 잘 써보지도 못하고 이 세상을 떠나면 얼마나 허무한가. 이생에서 가족의 행복을 위해, 자신의 자아실현을 위해 나아가 시야를 넓혀 우리 사회의 상생을 위해 기부를 하거나 복지단체 등에 쾌척한다면 그보다 더 훌륭하고 좋은 일이 어디 있겠는가. 적은 돈이라도 삶에서 자신의 행복을 위해 투자할 때 그 돈이 가장 가치 있게 사용되는 것이며 잘 쓰는 것이라고 할 수 있다.

자신의 삶이 피폐하고 정상적인 가정에서 얻을 수 있는 행복감이 없어서 도박에 더 쉽게 빠지는 경우도 많다. 2020년 OECD 국가를 대상으로 조사한 우울증 유병률을 보면 우리나라가 36.8%로 단연 1위였다. 이는 경제력으로 우리나라보다 하위에 있는 체코(11.8%), 그리스(22.8%), 멕시코(27.6%)는 물론, 미국(23.5%), 영국(19.2%), 프랑스(19.9%) 같은 선진국보다도 높은 수치다.

유엔 산하 자문기구인 '지속가능발전해법네트워크(SDSN)'이 최근 공개한 '2022년 세계 행복보고서'에서 우리나라의 행복지수는 OECD 38개국 중 36위로 최하위권을 나타냈다. 핀란드가 최고 행복한 나라로 1위를 차지했고 덴마크와 아이슬란드가 2~3위를 기록했다.

　가정이 행복하고 스스로 삶에 대한 긍정적인 마인드가 있으면 자신의 전 재산을 도박판에서 날리는, 어처구니없는 일은 절대 발생하지 않는다. 지켜야 할 가족과 가정의 소중함을 알고 있는 사람이 도박 중독에 빠질 가능성은 지극히 낮다.

　그러나 가정의 소중함을 모르고 가족에게서 얻는 행복감을 느껴보지 못한 사람들은 돈이 가장 큰 가치이자 지향점이다. 그렇기에 도박을 해서 일확천금을 노리지만, 위에서 언급했던 바와 같이 카지노나 도박장은 애초부터 고객이 이길 수 없는 철벽의 상대다.

　도박에 빠진 사람들은 도박해서 돈을 잃게 되면 그 고통을 못 견뎌 한다. 금액의 크고 작음에 큰 상관 없이 반드시 잃은 돈을 되찾고 카지노를 상대로 이기려고 한다. 그렇기에 늪에 빠진 동물이 몸부림을 칠수록 깊은 늪 속으로 빠져들어 가는 것처럼 도박에 빠져든다.

　가정의 소중함을 알고 그곳에서 행복감을 느끼는 이들은 도박에 대한 몰입이 부자연스럽고 미친 행위로 보이지만, 도박 중독자들은 오히려 돈을 찾겠다는 마음에 눈이 멀어 이판사판으로 덤벼드는 것이다.

　특히 도박하는 사람들은 큰 손해를 보면 잠을 자지 못한다. 필자도 포커 선수로 오랫동안 활동하면서 겪은 일이지만, 치명적인 실수를 해서 시합에서 지거나 캐쉬게임에서 큰돈을 잃었을 때 잠을 거의 이루지 못했다. 세계 최고의 자리에서 오랫동안 단련된 필자도 "내가 왜 그런 실수를 했을까"하는 자책의 심정으로 밤을 꼬박 새우는 일이 적지 않았다. 하물며 전혀 훈련되지 않은 이들이야 말해 무엇하랴.

기본적으로 우리나라 국민의 성향으로 볼 때 도박은 될 수 있으면 하지 않는 것이 좋다고 생각한다. 정 도박하려면 자신의 여유자금의 5~10% 정도만 베팅해야 한다. 여유자금의 10% 정도를 잃으면 그 즉시 도박장에서 떠나야 한다. 그 수준을 넘어서면 잃은 돈에 대한 본전 생각에 가진 모든 돈을 날릴 수 있다.

한국인들은 유달리 승부욕이 강해서 지고는 못 사는 이들이 많다. 이러한 성향은 카지노나 도박장에서도 유감없이 발휘되는데 처음에는 재미 삼아서 시작한 도박도 돈을 잃고 나면, 그 잃은 돈을 반드시 회수하기 위해 더 크게 베팅을 한다. 그렇게 계속해서 돈을 잃게 되고 손해를 보는 돈의 규모가 커지면서 급기야 패가망신에 이르게 되는 것이다.

그저 여가활동의 하나로 생각해 즐거운 마음으로 게임을 즐기면 되는데 우리나라 국민의 특성과 도박에 대한 이해 부족은 이를 가능하지 않게 만들고 있다.

카지노가 파놓은 함정 1

　라스베이거스를 비롯한 전 세계 도박 도시에 위치한 카지노에는 고객의 주머니를 털기 위한 갖가지 묘책과 함정을 파놓고 늘 고객을 기다린다. 이 함정들은 고객들이 시간을 잊고 도박에만 열중하게 만든다.

　카지노는 고객들로 하여금 현실감각을 잃게 만들어 오랫동안 카지노에 붙잡아 둔다. 게임이 카지노가 유리하게 설계되어 있으므로 시간만 지나게 되면 자연히 카지노의 수익이 높아지게 되어 있다.

　카지노는 인간이 생득적으로 보유한 허영심을 최대한 자극함으로써 고객들이 경계심 없이 카지노에 발을 들이게 만든다. 카지노 건물과 내부 시설은 비싼 비용을 들여 화려하게 만들고 빛나는 조명과 각종 시설로 고급스러운 분위기를 연출해 고객을 유혹한다.

　특히 미국의 라스베이거스 같은 도시의 카지노 인근에는 대규모의 컨벤션 센터(Convention Center)들을 세워 일 년 내내 각종 쇼와 이벤트, 서비스를 제공한다. 자동차를 비롯해 컴퓨터, 전자제품, 명품 등 다양한 기업들이 참여해 경품을 내걸고 세계 최고의 팝스타나 배우, 연예인들이 라스베이거스에서 각종 행사 및 공연을 진행함으로써 미국인은 물론 전 세계인들의 이목을 집중시키고 있다.

각종 쇼나 이벤트뿐만이 아니다. 다양한 분야의 학술 세미나와 의학 세미나, 기업들의 내부교육 등 상상할 수 없는 행사들이 라스베이거스의 컨벤션 센터에서 개최된다. 학술단체나 병원, 기업들이 라스베이거스를 찾는 이유는 간단하다. 바로 저렴한 가격에 넓고 고급스러운 공간을 제공하기 때문이다. 이처럼 엄청난 사람이 몰려들게 만드는 각종 이벤트와 다양한 모임과 행사의 집결지가 바로 라스베이거스라고 해도 과언이 아니다.

수천만 달러가 걸린 세계 복싱 챔피언십 같은 초대형 경기나 세계 최고의 명성을 가진 팝스타들의 공연은 연중행사로 이어진다. 미국을 비롯한 전 세계 가수 중 라스베이거스에서 공연하지 않은 스타가 거의 없을 정도이다.

라스베이거스가 대규모 컨벤션을 열 장소를 저렴하게 대여하고, 세계 정상급 스타들의 공연과 쇼를 개최하는 등 볼거리를 제공하는 이유는 단순하다. 라스베이거스에 와서 쇼도 보고 행사도 갖고 또 도박도 하라는 메시지다. 실제로 엄청난 숫자의 컨벤션 참가자와 쇼핑객, 관광객들이 다른 목적으로 왔다가 겸사겸사 도박도 하게 된다.

이렇듯 호화롭고 화려한 각종 이벤트 및 행사, 쇼들이 어우러지는 공간으로 사람들을 유혹한 뒤 도박하도록 유도하는 것이 라스베이거스의 대표적인 함정이라고 할 수 있다.

앞에서도 잠깐 언급했지만, 라스베이거스의 카지노가 고객들을 상대로 돈을 벌어들이기 위해 파놓은 함정 중 하나는 카지노에 시계가 없다는 사실이다. 물론 고객이 손목시계를 차고 시간을 볼 수 있고 또한 스마트폰으로 시간을 확인할 수는 있겠지만, 카지노는 고객이 게임 중에 스치는 눈길로라도 시간을 볼 수 없도록 게임 공간에 시계 설치를 하지 않는다.

카지노는 24시간 내내 밝고 화려한 조명으로 실내를 환하게 비추고 있기에 시간을 알 수 없고 외부공간으로 걸어 나가지 않는 한, 밤인지 낮인지 구분할 수 없도록 해놓았다. 이는 시간의 흐름을 생각지 말고, 오로지 도박에만 집중하라는 뜻이 숨겨져 있는 것이다.

더불어 라스베이거스 카지노는 고객들이 오랫동안 도박을 해도 피곤하거나 졸음에 빠지지 않도록 공기 중에 인체에 해롭지 않은 산소를 두 시간마다 지속해서 대량 공급한다. 공기 중에 산소가 많으면 피로를 덜 느끼고 잠이 잘 오지 않는다.

따라서 라스베이거스 카지노 호텔에서는 누구든 잠을 이루기가 쉽지 않다. 잠이 오지 않으면 호텔 로비에 내려가 서성이게 되고, 로비에 설치되어 있는 슬롯머신을 발견하면 자신도 모르게 머신 앞에 앉아 게임을 하게 되는 것이다. 카지노 호텔에 왔으면 명색이 호텔이긴 하지만 카지노이니만큼 잠을 자지 말고 밤새도록 도박을 하라는 취지인 셈이다.

카지노가 파놓은 또 다른 중요한 함정은 바로 칩(chip)이다. 카지노에서 게임을 하려면 반드시 현금을 칩으로 바꿔야 한다. 그런데 이 칩의 효과는 엄청나게 무서운 것이다. 칩은 고객들로 하여금 돈이 갖는 가치를 잊게 만든다.

게임을 할 때 베팅하는 칩은, 돈으로 베팅할 때보다 덜 민감하다. 즉 게임에서 돈을 잃더라도, 실제 돈으로 베팅해서 잃는 것이 아닌 그저 장난감 하나 잃어버린 것 같은 착각에 빠져 무감각하게 된다. 만약 카지노에서 칩이 아닌 현금으로 도박을 한다면 상대적으로 패가망신하는 사람들이 훨씬 줄어들 것이고 카지노는 그렇듯 큰 부를 이룰 수는 없을 것이다.

필자가 지금까지 만져본 칩 중에서 가장 비싼 칩은 한 개에 10만 달러짜리, 한화로 1억이 넘는 것이었는데, 그 크기가 다른 일반 칩보다 약간 크고 전체적으로 연한 분홍색 바탕에 진한 밤색으로 다이아몬드 무늬가 둘린 것이었다.

단 한 개의 칩 가치가 10만 달러, 즉 1억 원을 넘는다니. 그렇다면 달랑 열 개만 있어도 100만 달러가 아닌가. 10만 달러는 100달러 지폐 뭉치로 묶어도 주머니에 넣을 수 없을 만큼 큰돈이다.

돈을 칩으로 바꿔서 다니면 주머니에도 수백만 달러를 넣고 다닐 수가 있는 것이다. 10만 달러짜리 칩을 처음 만져보았을 당시 입맛이 썼다. 미국에서 10만 달러라는 현금은 평생 만져보지도 못한 사람이 부지기수이다.

월급생활자는 물론이고 웬만한 중산층이라고 하더라도 재산목록 1호인 집도 은행 돈을 빌려 월부로 평생 갚아 나가는 처지에 10만 달러라는 현금을 만져보기는 '하늘의 별 따기' 수준이다. 카지노에 10만 달러짜리 칩이 존재한다는 사실은, 누군가 그 칩으로 도박을 하는 사람이 있다는 방증일 터. '과연 어떤 괴물이 이런 칩으로 도박을 할까'라고 씁쓸한 입맛을 다시며 생각해 본 적도 있었다.

칩도 칩이지만, 카지노가 파놓은, 칩보다 더 무서운 함정이 있다. 바로 고객들에게 이자 한 푼 받지 않고 돈을 빌려주는 '무이자 대부 시스템'이다. 카지노로부터 돈을 빌리기 시작하면 정말 헤어나오기 어렵다.

어느 카지노든 '소셜 시큐리티 넘버(Social Security Number, 한국의 주민등록 번호)' 하나만 찍으면 1분 이내에 그 고객의 신용도와 재정 상태를 단번에 알 수 있는 시스템을 갖추고 있다. 고객이 돈이 떨어져 게임을 할 수 없을 경우 '소셜 시큐리티 넘버'만 제시하면 카지노 측 전문가가 심사해 고객의 신용도에 따라 즉시 돈을 빌려주고 계좌를 열게 된다. 계좌의 오픈과 동시에 그 고객은 카지노의 함정에 빠져든 것이다.

고객의 신용도에 따라 2,000달러에서 5,000달러, 1만 달러 등의 규모로 빌려주지만, 카지노를 이길 수 없기에 점차 액수가 눈덩이처럼 불어나게 되어 있다. 결국 더는 감당할 수 없을 만큼 커지게 되면서 문제가 발생한다. 무이자의 유혹에 빠져 막대한 빚을 지게 되는 구조다.

무이자로 도박자금을 빌려주는 것은, 카지노가 금융기관이 아니기에 이자를 받는 것은 불법이 된다. 그러나 돈을 빌려주더라도 대부분 고객이 돈을 잃기 때문에 다시 카지노 측으로 돈이 돌아온다. 따라서 카지노는 고객의 재정 상태를 확인해 고객이 채무를 갚을 수 있을 만큼의 한도 내에서 자금을 빌려주는 것이다. 그리고 빌려 간 돈을 고객이 갚으면 더 큰 금액을 융통해 준다.

라스베이거스 카지노에서 빌린 돈을 갚기 위해 고객은 라스베이거스에 가야만 하고, 가서는 돈을 갚았다가 다시 돈을 빌리는 악순환이 거듭되는 것이다. 카지노 측의 처지에서 보면 당연히 선순환이지만 말이다.

이 때문에 라스베이거스에 적당한 금액을 가지고 와서 부담 없이 놀다 가려는 사람들에게도 이 함정은 관대하지 않다. 1,000달러 정도 가지고 간 사람이 1만 달러를 빌려 잃고 오면 얼마나 허탈하겠는가. 게다가 보름 혹은 한 달 내 빚을 갚아야 하는데 그 돈은 어디서 나겠는가? 다시 카지노에 가서 잃은 돈을 만회할 수밖에 없는 것이다. 돈을 갚으러 간다면 과연 돈만 갚고 얌전히 돌아오겠는가?

로스앤젤레스 한인타운에 오래된 치과의사인 이 모 씨가 있었다. 이 씨는 정통 엘리트 코스를 거친 부유층이었다. 한 번에 200명을 불러 파티를 벌일 수 있을 만큼 큰 저택을 소유하고 미스 코리아 출신의 아름다운 아내와 남부러운 것이 없는 삶을 살던 사람이었다.

그러던 이 씨가 라스베이거스 도박에 빠져 전 재산을 탕진한 사건은 한인타운에서 모르는 사람이 없을 정도로 잘 알려진 사건이다. 필자의 치과 주치의이기도 했던 그는 도박에서 전 재산을 탕진한 후 이혼하고 치과의사 생활도 접고 거의 폐인이 되어 외로운 삶을 이어가고 있다.

　어떻게 엘리트 코스를 밟아 의사로서 성공하고 평생 상류층의 삶을 구가했던 그가 그토록 심하게 도박에 빠질 수 있다는 말인가. 돈과 명예를 모두 가진 그가 도대체 무엇이 부족해서 주말마다 라스베이거스 카지노에서 밤을 새워 도박한 걸까.

　카지노는 정말 이처럼 무서운 곳이다. 사회적 지위나 재산의 많고 적음에 관계없이 그 누구라도 도박의 함정에 빠질 수 있다는 사실을 명심해야 한다.

카지노가 파놓은 함정 2

　우리나라에서는 예로부터 노름판에서 진 빚을 갚지 않아도 된다는 말이 있다. 그러나 라스베이거스에서 진 빚은 반드시 갚아야만 한다. 단, 갚지 않을 수 있는 길이 하나 있기는 하다. 그것은 개인 파산을 신청하는 것이다. 그러나 미국에서 개인 파산을 신청한다는 것은 사회적 사망을 뜻하기에 섣불리 시도하기는 그리 쉽지 않다.

　미국의 경우 1980년대 이전에는 카지노 빚을 대부분 마피아가 받으러 다녔다. 마피아는 적어도 겉으로는 매우 신사적이다. 양복 차림에 넥타이를 매고 깔끔하고 점잖은 태도로 돈을 갚으라는 충고를 한다.

　돈이 없다고 답하면 언제 갚을 수 있느냐고 되묻는다. 만약 그들에게 날짜를 주면 그들은 그것이 한 달이든 두 달이든 두말하지 않고 돌아간다. 기일이 되었는데도 약속을 어기면 마피아는 다시 찾아와 묻는다. 다시 두 번째 약속기일에 찾아와 돈 갚을 것을 종용한다. 두 번째 약속을 어기면 세 번째는 마지막으로 일주일의 기한을 준다. 그리고 일주일 후에 갚지 않으면…… 독자의 상상에 맡기겠다. 소문으로는 무서운 일이 생긴다고 하지만 사실을 확인할 길은 없다.

미국에 거주하는 한국인들은 마피아에 대해 엄청난 공포감이 있으므로 뾰족한 대책이 없으면서도 이른 시일 안에 갚겠다는 공수표를 남발한다. 그러나 그럴 필요가 없다. 나중에 안 사실이지만 마피아는 돈을 받는 것이 목적이지 사람을 해칠 목적이 아니기 때문에 만약 손님이 1년 이내에는 도저히 갚을 길이 없다고 솔직히 말하면 1년이라도 마다치 않고 기다려 준다고 한다.

심지어 어떤 미국인은 3만 달러의 빚을 졌는데 한 달에 200달러씩 갚겠다고 말했더니 무려 10년이 넘게 걸리는데도 마피아가 허락을 했다는 것이다. 그들은 결코 주먹을 휘두르거나 언성을 높이지 않는다. 아마도 라스베이거스의 이미지 관리상 그렇겠지만.

마피아와 빚에 관련해 재미있는 일화가 있다. 실명을 밝힐 수는 없지만, 로스앤젤레스 도심지에서 벤츠 같은 고급 중고차를 파는 딜러를 운영하는 한국인 사업가가 있었다. 그는 성격이 호탕하고 바둑을 좋아해 가끔 함께 바둑을 두곤 했는데 필자보다는 10년 이상 연상이었다.

어느 날 소주를 한 잔 마시면서 그가 털어놓은 이야기이다. 그는 라스베이거스 카지노에서 100만 달러가 넘는 돈을 잃고 설상가상으로 30만 달러의 빚을 지게 되었다. 그 빚을 갚지 못하자 마피아가 사무실에 진을 치고 있다가 차를 팔면 돈을 수금해 간다는 것이었다.

이런 날이 계속되자 도저히 참을 수가 없었던 그는 자동차 딜러를 임시 휴업하고 며칠 밤을 지새우며 어떻게 해결할지 고민했다. 오랜 시간 머리를 짜낸 끝에 그는 권총을 들고 라스베이거스로 향했다. 호텔에 투숙한 후 미리 준비해간 조니워커 블랙을 안주도 없이 병째로 한 병을 몽땅 들이키고는 30분 정도 지나 취기가 오르자 만취한 상태로 카지노 입구에 있는 카지노 부사장 사무실에 들어가 다짜고짜 문을 잠그고 부사장과 단둘이 앉아 조용히 권총을 내려놓았다. 그리고 그는 부사장에게 말했다.

"나는 더는 살아갈 기력을 잃었소. 이 카지노에서 전 재산을 날렸고 카지노에서 빌린 30만 달러의 빚을 도저히 갚을 길이 없으니 이 자리에서 권총으로 자살하는 편이 좋겠소."

말을 마친 후 그는 권총을 자신의 관자놀이에 들이댔다. 그리고 그는 지그시 눈을 감았다. 그 순간 부사장은 매우 놀라서 "Calm down, Calm down, Please!"라고 외쳤다. 흥분을 가라앉히라는 말이었다. 그리고 그 부사장은 덧붙였다. "30만 달러는 갚지 않아도 된다"고. 그리고 그 자리에서 부사장은 30만 달러 빚진 서류를 갈기갈기 찢어 버리는 것이었다. 그 이후로 그는 라스베이거스는 고사하고 그 근처에도 가지 않았단다. 만약 그 사람이 자신이 아닌 부사장에게 총구를 향했다면 남은 생을 감옥에서 보내게 되었으리라.

현재 라스베이거스에는 카지노 빚을 받아내는 마피아는 없어졌다. 마피아 대신 그보다 더 무서운 법으로 해결한다. 만약 카지노 빚을 갚지 않고 있다가 미국 영토를 벗어나거나 외국으로 출국을 시도한다면 바로 공항에서 체포되어 라스베이거스의 구치소에 수감된다. 돈을 받으러 오는 대신 지명 수배를 내리기 때문이다.

관련법은 오로지 라스베이거스에서만 적용된다. 미국 내 비슷한 도박의 도시인 뉴저지주의 애틀랜틱시티에서는 관련법이 아직 통과되지 않은 탓이다.

다음과 같은 일화도 있다. 카지노의 맹점을 이용해 카지노를 상대로 한 방 먹인 사례라고 할 수 있다. 뉴욕을 들러 '뉴저지의 라스베이거스'로 불리는 애틀랜틱시티로 가는 비행기에 몸을 실었을 때 겪은 이야기다.

비행기 옆자리에 앉은 점잖은 영국 신사와 대화를 나누게 되었다. 그 노신사가 직업을 묻기에 프로 포커 선수라고 답하자, 알 수 없는 미소를 짓더니 이것저것 카지노와 관련된 질문을 해왔다. 그러더니 지금까지 누구에게도 하지 않은 자신의 오랜 과거사를 꺼냈다.

그 영국 신사는 젊었을 적에 식품 도매업자로 일했는데 도박을 좋아해서 애틀랜틱시티를 수년간 왕래하며 게임을 즐기곤 했다고 한다. 그런데 어쩌다 보니 가진 재산을 몽땅 잃고 빈털터리가 되었다.

그는 몇 날 며칠을 고민하던 끝에 기막힌 아이디어가 머리에 떠올랐다. 애틀랜틱시티에는 대형 카지노가 십여 곳이 있었는데, 그는 어떤 카지노를 막론하고 한 카지노에 5만 달러의 '크레딧(Credit, 신용)'이 있고 그 돈을 갚은 기록이 있으면 다른 카지노도 그만큼의 돈을 융통해 준다는 사실을 깨달았다.

그는 애틀랜틱시티의 대형 카지노마다 '크레딧 라인(Credit Line, 신용한도)'을 개설했다. 작은 카지노는 거금을 신용으로 대출해 주는 것이 어려울 것이기 때문에 큰 카지노만 찾아다니면서 아침 일찍부터 온종일 10여 개가 넘는 카지노에서 60만 달러를 찾는 데 성공했다. 카지노들끼리 실시간으로는 정보가 공유되지 않았기 때문에 인출이 가능했던 것이었다.

자금을 인출한 후 그는 곧장 뉴욕으로 돌아와 식품 도매의 경험을 바탕으로 카지노에서 찾은 돈으로 처남 명의로 슈퍼마켓을 인수했다. 그리고는 자신이 돈을 빌린 카지노마다 찾아다니면서 약간의 원금을 조금씩이라도 갚겠노라고 약속을 했더니 대부분 카지노에서는 허락하더라는 것이었다.

물론 어떤 카지노는 소송을 하겠다고 으름장을 놓은 곳도 있었으나, 아무리 소송을 해서 승소를 한다 해도 당장 재산이 없는 사람에게 돈을 받기는 어려우므로 결국 그들은 매달 푼돈을 받는 것에 만족해야만 했다.

영국 신사는 그 후로도 애틀랜틱시티에 가서 도박을 즐기곤 하지만 전처럼 심한 도박은 하지 않는다면서, 벌써 슈퍼마켓을 세 곳이나 운영하고 있다고 은근히 자랑까지 하는 것이었다. 카지노 이야기의 결말이 대부분 패가망신으로 끝나는 경우가 많은데 그날만큼은 아주 유쾌한 스토리로 마무리되어 지금도 잊지 못하고 있다.

라스베이거스를 드나드는 거물 중에는 일반인의 상상을 초월하는 어마어마한 부의 소유자가 많다. 그들은 수백만 달러, 수천만 달러를 가지고 와서 도박한다. 일반 사람의 상상을 초월하는 부자, 예를 들어 사우디의 왕자 같은 어마어마한 거부가 무슨 돈이 필요해 도박하는지 의문을 가질 수도 있다. 그 이유 중의 하나는 라스베이거스의 융숭한 대접 때문이다.

카지노는 거물들에게 경호원은 물론이고 리무진에, 개인 전용 제트 비행기까지 제공하는 등 그야말로 일국의 대통령 못지않은 환상의 서비스를 제공한다. 거물들이 몇백만 달러를 잃고 가면 그들에게 몇십만 달러짜리 최고급 승용차를 선물하기도 한다.

필자가 사는 동네에 어느 부유한 한국 유학생 부부가 살았다. 이들 부부는 어느 토요일 밤 친구들과 술 마시며 놀다가 라스베이거스 이야기가 화제에 오르자 갑자기 라스베이거스에 가고 싶은 욕망이 떠올랐다. 소위 '발동'이 걸린 이들 부부는 토요일 밤 새벽 2시에 라스베이거스 카지노에 전화를 걸어 "지금 그곳에 가고 싶은데 술에 취해 운전할 수가 없다"라고 했다.

그러자 카지노 측은 가까운 공항으로 전세 비행기를 보냈다고 한다. 그 일로 인해 "유학생 부부가 얼마나 큰 손이었으면 카지노가 비행기를 보냈겠냐"는 등 온 동네에 소문이 파다했던 일이 있다. 그런데 대단한 큰 손이 아니더라도 어지간한 정도의 고객에게 라스베이거스가 그 정도의 VIP 대접을 하는 것은 특별한 일이 아니다.

라스베이거스 카지노는 도박하는 사람에게 그가 누가 됐든 융숭한 대접을 한다. 규모가 작은 카지노를 가면 몇백 달러를 들고 가도 방을 공짜로 주는 경우가 많다. 음식을 공짜로 주고 쇼도 공짜로 관람시켜 준다. 카지노가 그들에게 원하는 것은 오로지 도박하라는 단 한 가지뿐이다.

화려한 고급 호텔의 방을 공짜로 얻고 뷔페도 공짜, 쇼도 공짜로 서비스를 받은 대부분 고객은 어쩐지 미안한 마음에 카지노에 들어가 도박을 하게 된다. 바로 그것이 카지노가 파 놓은 함정이다. 고객의 80% 이상은 반드시 돈을 잃고 간다.

혹시 고객이 본전을 했거나 억수로 운이 좋아 카지노의 돈을 따고 갔다고 하더라도, 그 돈은 잠시 고객에게 맡긴 돈이라는 것을 카지노는 잘 알고 있다. 돈을 따가지고 간 고객은 반드시 다시 돌아와 더 많은 돈을 잃기 때문이다. 그래서 카지노는 돈을 벌어가지고 가는 고객에게 더욱 잘해주는 것이다.

2006년 여름이었다. 라스베이거스의 최고급 호텔인 '벨라지오'에서 포커 시합을 위해 2주간 머물고 있을 때였다. 갑자기 호텔에 정전사고가 발생했다. 라스베이거스의 모든 카지노는 이런 유사시의 경우를 대비해 자가 발전 시설을 갖추고 있기 마련이다. 그런데 어찌 된 일인지 카지노 전체가 비상용 등만 들어오고 전기가 들어오지 않았다.

그러더니 곧 안내 방송이 나와 정전으로 인해 영업을 더는 할 수가 없으니 모든 객실 고객은 물론 카지노 고객까지 나가 달라는 것이었다. 하는 수 없이 짐을 싸 들고 프런트 데스크로 갔더니 다음에 방문할 때 사흘 동안 방을 공짜로 주겠다고 하면서 연신 미안해했다.

나중에 알고 보니 송전탑이 차에 부딪혀 무너져 버린 것이었다. 그 때문에 라스베이거스 최고급 호텔인 벨라지오는 5일 동안 문을 닫게 되었다. 그런데 벨라지오 호텔이 하루에 200만 달러씩 닷새 동안 1,000만 달러의 손실을 보았다는 보도가 신문에 났다.

그리고 그것은 벨라지오 호텔이 정상적인 영업을 하였더라면 벌어들일 수 있었을 수익까지 포함한 것이 아니고, 직원들의 급여와 보험료 등 순수한 고정적인 경상지출만을 계산했을 때 그렇다는 것이다. 아무리 최고급 호텔이라지만 일개 호텔의 고정적 경상지출이 200만 달러라면 변동비용과 수익까지 고려하게 되면 매일 고객이 잃어 줘야 하는 돈의 규모는 도대체 어느 정도라는 말인가?

그런 막대한 비용을 충당하기 위해 카지노 측이 동원하는 가장 중요한 전략은 무엇일까? 무엇보다 고객들이 도박하는 시간을 최대한 증가시키는 데 초점이 맞추어져 있다. 카지노 측의 처지에서는 고객이 도박해서 일시적으로 돈을 따고 잃는 사실은 그리 중요하지 않다. 다만 고객이 도박을 오래 하는 것이 중요하다. 하루에 적어도 8시간 이상 고객이 도박을 할 수 있도록 온갖 서비스를 제공하면서 붙들어 놓는 전략을 편다. 그 이유는 말할 것도 없이 긴 시간 게임을 하면 당연히 카지노가 승리하는 결과가 나오기 때문이다.

언젠가 라스베이거스 카지노의 한국인 호스트가 새로운 손님을 끌어들일 마케팅 전략으로 기발한 아이디어를 냈다. 한국 신문에 광고를 내 누구든지 카지노에 5,000달러를 예치하기만 하면 호텔 방과 음식을 공짜로 제공한다는 것이었다.

이 광고를 보고 도박이라고는 한 번도 해 본 일이 없는 우리 성당의 젊은 부부가 솔깃해 친구의 부부와 함께 각각 5,000달러씩 1만 달러를 갖고 주말을 공짜로 보내기 위해 라스베이거스로 갔다.

애초 생각은 가서 실컷 공짜를 즐기다가 돈을 찾아서 돌아오면 된다고 생각했다. 가보니 정말 모든 것이 공짜였다. 그들은 공짜를 즐기면서도 미안한 생각이 들어 호텔 방값과 음식값 정도는 도박해 보자는 합의에 도달했다. 만약 잃더라도 손해 볼 것이 없으니까 말이다. 그러나 그들이 2박 3일의 주말을 끝냈을 때는 그들의 수중엔 한 푼의 돈도 남아있지 않았다.

그렇게 라스베이거스는 무서운 곳이다. 도박을 즐기지도, 할 줄도, 해 본 적도 없는 사람들도 한 번 접하게 되면 깊이 빠지게 되어 있기 때문이다. 그들은 "먹고 자고, 쇼도 즐겼지만 결국 남는 시간에 할 일은 도박밖에 없어 그 지경이 되었다"며 한숨을 쉬었다.

그 후에도 주소가 노출된 그들 부부에게 끊임없이 라스베이거스의 초대장이 날아와 그들을 유혹했다. 2박 3일의 공짜 방은 물론 도박 자본 200달러까지 준다는 것이었다. 그 카지노 호텔의 한국 호스트 광고는 오랫동안 지속되었던 것으로 봐서 매우 성공적이었던 것으로 짐작된다.

직업상 라스베이거스를 자주 오가는 필자의 정보도 어떻게 유출되었는지 새로 생긴 카지노가 공짜 운운하며 유혹의 손길을 끊임없이 보내왔다. 언젠가 신문에서 어떤 미국인 부부가 모든 카지노에 자신의 주소를 지워 달라는 요청했다는 보도를 접하기도 했다. 카지노의 유혹에 얼마나 시달렸으면 그랬을까?

도박 문제의 근본적 해결 방안과
넘어야 할 세 가지 난제

① 불법 도박 근절
② 중독자 치료와 사회 복귀
③ 도박 예방 교육

불법 도박의 실태와 양상

"창문 밖으로 환한 햇살이 비쳐왔다. 저녁을 먹는 둥 마는 둥 하고 컴퓨터 앞에 앉은 것이 9시쯤 된 것 같은데 10시간이 순식간에 지나갔다. 모니터에 코를 박고 있어서인지 눈은 침침했고 머리는 어질어질했다. 책상 위 재떨이는 담배꽁초가 수북했고 역겨운 냄새를 풍기고 있었다.

방 안에 틀어박혀서 하는 인터넷 도박은 끊을 수 없는 마약 같았다. 간밤에도 그랬다. 그동안 쏟아부은 본전 생각에, 또 질 것을 뻔히 알면서도 온라인 게임장에 접속했다. 통장에 있던 잔고는 이미 오래전에 '불귀(不歸)의 객'이 되었고, 저축은행에 이어 대부업체에서 빌린 돈까지 몽땅 날렸다. 어제와 마찬가지로 조금이나마 빚을 청산할 수 있다는 가녀린 희망이, 해가 밝아오면서 다시 거대한 절망으로 다가왔다.

방문을 열고 거실로 나와 물을 한 잔 마신다. 부모들은 이미 일을 나가고 없다. 언제부턴가 방안에 틀어박혀 인터넷 도박을 하는 아들에게 눈길 한 번 주지 않는 부모는 자식을 '투명 인간'

취급하기 시작했다.

　대기업은 아니었지만 그래도 건실한 중소기업에 다니던 이용석(가명, 33세) 씨가 인터넷 도박에 빠진 것은 1년 전쯤. 어느 날 재미 삼아 인터넷 도박을 하다 도박의 길로 빠져들었다. 지방대학을 나와 자그마한 회사에 취업했지만, 미래에 대한 뚜렷한 계획이 없었던 그는 가족과도 관계가 좋지 못했다.

　친구도 많지 않아 퇴근 후 누구를 만나거나 여성과 데이트를 한다는 것은 꿈도 꾸지 않았다. 그러다 보니 그나마 직장 생활하며 번 돈은 그대로 통장에 남아 큰돈은 아니지만 적자 인생은 아니었다.

　사람 만나는 일도 어렵고 애초부터 살가운 사이도 못 됐던 가족이어서인지 그는 늘 외톨이였다. 마음을 알아주거나 자신에게 따뜻한 말이라도 한마디 건네주는 이가 없었다. 직장 사람들과의 관계도 지극히 사무적이고 형식적인 관계였다.

　그러다 인터넷 도박을 알게 됐고 그것이 불행의 시작이었다. 처음에는 종종 돈을 따기도 했고 잃기도 하며 큰 손해를 보지 않았다. 시간이 갈수록 자신이 결코 이길 수 없는 게임임을 알았을 때 이미 그는 큰 빚을 지고 있었다. 인터넷 도박은 '돈 먹는 하마'였다.

　통장의 잔액을 모두 소진한 후, 카드론으로 빌린 돈을 잃고 나자 돈 나올 수 있는 구멍은 없었다. 부모님 계좌를 담보로 저축은행에 손을 벌렸다. 그 돈을 모두 탕진하자 대부업체를 찾았다. 인터넷 도박에서 그는 가끔 소액을 따기도 했지만, 대부분 큰돈을 잃었다. 여기저기서 끌어다 쓴 돈의 총액이 5,000만 원에 육박했다.

때로 그는 '내가 지금 뭐 하는 거지?'하는 자괴감이 들었지만, 밤만 되면 자동으로 컴퓨터 앞에 앉게 되는 자신을 보며 깊은 나락으로 떨어지는 기분이 들었다. 그 기분을 잊으려 더 열렬히 인터넷 도박에 빠져들었다. 악순환이었다.

그러다 그는 어느 순간 '자살'을 머리에 떠올렸다. '어떻게 하면 쉽게 죽을 수 있을까' 생각에 인터넷 검색을 하기도 했다. "

한 언론매체가 보도한 어느 30대 남성의 도박 중독 사례이다. 도박에 빠져 돈을 모두 잃고 빚에 허덕이며 극단적 선택에까지 몰린 도박 중독자의 전형적인 루트를 그대로 따라가는 모습을 보여준다. 위의 사례는 인터넷 불법 도박의 실태가 얼마나 심각한지를 일깨워주고 있다.

2019년 12월 사행산업통합감독위원회의 의뢰를 받아 '한국형사정책연구원'과 ㈜한국갤럽조사연구소가 연구조사한 보고서에 따르면 2019년 기준 불법 도박 시장의 총매출 추정 규모는 81조 원 수준인 것으로 조사됐다. 그러나 전문가들은 인터넷 도박을 포함하면 300조 원 규모에 달하는 것으로 추산하고 있다.

사정이 이런데도 사행산업통합감독위원회 등 정부 기관은 불법 도박을 규제하기보다는 합법 도박의 규제강화에 열을 올린다. 일정 규모 이상의 매출을 올리지 못하게 하는 '매출총량제'가 그것으로, 이는 합법 도박을 억누름으로써 불법 도박을 팽창시키는 '풍선효과'를 가져온다. 참으로 어처구니없는 일이 아닐 수 없다. 이 세상

그 어디에 매출을 올리지 말라는 기업이 있다는 말인가.

그 대표적인 것이 열악한 베팅 금액에 더해 게임 테이블과 시간을 줄인 강원랜드의 사례일 것이다. 그 결과 국내의 도박 수요가 동남아로 몰려 지난 2017년 2조 5,000억 원 규모였던 동남아 원정도박 규모가 1년 만에 두 배로 껑충 뛰었다. 10만 원에 불과한 경마장 베팅액 제한과 스포츠 토토 규제도 불법 도박 시장을 키우는 데 한몫해왔다. 불법 도박을 줄여나가려면 합법 도박의 규제를 풀고 더 재미있고 건전하게 육성하는 대책을 마련해야 할 것이다.

사행산업통합감독위원회 등 국가 기관이 분류하고 있는 불법 도박의 유형은 다음과 같다. 불법사행산업으로 사설 카지노를 비롯해 사설 경마와 사설 경륜 및 경정, 불법 스포츠 도박, 사설 소싸움, 불법 사행성 게임장, 불법 온라인도박 등이 있으며, 불법사행산업 외의 불법 도박으로 불법 하우스 도박, 불법 경견·투견·투계, 기타 실내낚시, 그 외에 일시적인 오락 범위를 벗어난 도박이 있다.

불법 도박 중에도 그 규모나 폐해를 볼 때, 인터넷 도박의 심각성이 가장 크다고 할 수 있는데 바로 용이한 접근성 때문이다. 특히 군부대 내에 일반사병에게 스마트폰 반입이 허용된 2017년 이후 군대 내의 불법 인터넷 도박이 기승을 부리는 등 그 폐해가 심각한 것으로 드러났다.

<불법 도박 업종별 매출 추정액(2019년 12월)>

(단위 : 억 원/%)

구분	추정 총매출	
	금액	
불법 온라인 카지노	106,250	13.03
사설 카지노	74,956	9.19
불법 하우스	36,655	4.49
불법 사행성 게임장	149,806	18.37
불법 스포츠 도박	205,106	25.15
온라인 즉석 및 실시간 게임	81,591	10.01
불법 웹보드 게임	53,770	6.59
불법 경마	68,898	8.45
불법 경륜	23,761	2.91
불법 경정	10,849	1.33
불법 소싸움	3,832	0.47
합계	**815,474**	**100**

(출처 : 사행산업통합감독위원회)

미국에서는 도박의 도시 라스베이거스에 다녀온 사람이 지인들에게 자신의 경험을 무용담처럼 떠벌리는 것을 흔히 본다. 그러나 우리나라 국민은 강원랜드에 다녀온 사실을 애써 숨긴다. 이는 사행산업, 즉 도박에 대한 개념과 이해의 방식이 완전히 다르기 때문이다.

미국인에게 도박은 일상의 게임이자 유희 수단이지만 대한민국에서 경마와 카지노는 금기의 대상이다. 어렸을 때부터 도박에 대한 부정적인 인식이 만들어져 왔고 경마나 카지노 게임을 가볍게 즐기더라도 도박 중독자라는 낙인이 찍힐까 두려워 철저히 숨긴다. '도박하면 패가망신한다'라는 전통적 인식이 팽배한 분위기에서 제대로 된 도박 교육이 이뤄지지 않다 보니 그와 같은 상황이 벌어지는 것이다.

대부분 국민이 도박은 음지에서 숨어서 하는 행위로 인식하고 있다는 사실이 가장 심각한 문제다. 이는 도박에 대한 잘못된 인식이다. 도박은 무조건 나쁜 것이기에 절대로 해서는 안 되는 것이 아니라 건전하고 합법적인 도박은 레저 스포츠와 같다는 점을 이제는 범국가 차원에서 가르쳐야 한다. 더불어 도박 중독자에 대한 치료 등 대책을 시급히 확대해야 할 것이다.

정부는 강원랜드를 열어 돈을 버는 데만 신경을 썼지, 많은 이들이 도박의 구렁텅이에 빠져 삶을 망치는 폐해에 대해서는 최소한의 노력을 할 뿐, 실효성 있는 대책을 수행하여 문제를 해결하지는 못하고 있다.

물론 불법 도박과 함께 강원랜드 운영에서 나타난 폐해의 해결을 위해 사행산업통합감독위원회와 한국도박문제 예방치유원를 만들어 대응해오고 있긴 하지만 도박 전문가의 부재로 어려움을 겪고 있는 게 현실적인 평가이다.

필자는 2017년 어느 날 국회를 방문해 더불어민주당의 백재현 의원을 만난 적이 있었다. 당시 그는 3선의 중진의원으로 국회 상임위 예결위원회 위원장 직책을 맡고 있었다.

백 의원에게 혹시 우리나라 불법 도박의 매출 규모와 양상에 대해 알고 있는지 물었다. "정확히 파악하고 있지 못하다"는 대답을 듣고 문화체육관광부와 사행산업통합감독위원회, 국가정보원의 조사 결과를 인용해 그 규모가 연간 약 100조 원 규모라고 말했다. 백 의원은 전혀 예상하지 못했다는 표정으로 필자를 쳐다보더니 그 자리에서 바로 보좌관을 호출해 불법 도박의 매출 규모를 알아보라고 지시했다. 그러자 보좌관은 즉시 "조회해 볼 필요 없이 이미 잘 알려진 내용입니다"라고 답했다.

백 의원에게 국가 예산을 책정하는 중요한 위치에 계시니 이 문제에 더 큰 관심을 가져 달라고 부탁한 뒤 "100조 원도 이미 오래전 통계 수치이고 사실 연간 300조 원에 달할 것으로 예상된다"라고 덧붙였더니 백 의원이 깜짝 놀라며 필자를 바라봤던 기억이 있다.

불법 도박 문제가 심각한 상황이지만 현실은 이처럼 암담하기만 하다. 대한민국 국회에는 국민의 대표인 300명의 국회의원이 있다. 그 의원들 가운데는 불법 도박의 규모나 실태에 대해 어느 정도 파악하거나 대안을 제시할 수 있는 사람도 있을 것이다.

신문이나 TV 등 언론을 통해 우리나라 사행산업의 현실과 문제점에 대해 국회의원이 자신의 견해를 밝히는 것을 본 적이 있다. 하지만 사행산업에 대해 밝히고 문제 해결을 위해 일하는 것이 워낙 민감한 부분이어서 발 벗고 나서는 국회의원은 거의 없는 실정이다.

국가 예산의 절반에 가까운 큰돈이 매년 단 한 푼도 세금을 내지 않고 유통되며 온 나라를 뒤흔들고 있는 데도 거의 무방비 상태로 방치되어 있다. 검경이 아무리 애를 써도 이미 엄청나게 커져 버린 불법 도박을 막을 수 없는 지경에 이르렀다.

이미 수백억 원, 수천억 원의 거액을 벌어들인 불법 조직의 실제 주인은 그림자조차 보이지 않고 바지사장이나 하부조직원만 잡아넣는 현실이니 불법 도박 문제의 근본적인 해결은 요원하다. 해가 갈수록 불법 도박의 규모는 눈덩이처럼 커지고 피해자는 기하급수적으로 늘어나니 실로 통탄할 노릇이라 아니할 수 없다.

국가의 사행산업 매출이 연간 20조 원 수준인데 불법 도박 조직의 매출이 그보다 10~15배인 국가가 이 지구상에 어디에 또 있을까. 미국 같은 선진국에도 불법 도박은 존재하지만, 그 규모는 극히 미약한 수준이다. 그 이유는 국가가 합법적으로 사행산업을 이끌고 있고 규모도 크게 키워 불법 도박이 번창할 수 없는 풍토를 만들기 때문이다.

우리나라는 오랫동안 사행산업에 대한 국민적 의식이 형성되어 있지 못하고 있고 국가적으로도 적절한 대책이 마련되어있지 못하기에 불법 도박 시장을 키운 것이다. 하수구가 더럽다고 하수구를 막아버려 오수가 여기저기 넘치게 되는 우(愚)를 범하고 있는 것이다.

세상은 아주 빠른 속도로 발전하는 동시에 변해가고 있다. 우리나라에서도 '도박은 무조건 나쁘다'라고 생각했던 인식이 조금씩 달라지고 있다. 불법 도박을 막을 수 있는 유일한 길은 사행산업을 음지에서 양지로 끌어올리는 길 외에는 없다.

이를 위해 필자는 국회의원을 비롯한 사회 지도층 등 많은 사람을 만나고 다녔다. 특히 박근혜 대통령 시절에 대통령에게 편지를 보내 불법 도박 근절을 위한 충정을 밝혔다. 필자의 편지는 청와대 비서실에서 문화체육관광부로 보내져 실무 담당자에게 전해졌고 "검토해 보겠다"라는 짧은 메시지를 받았다. 이후 세계 포커 계를 뒤흔든 챔피언으로서의 뚝심으로 10년이 넘도록 포기하지 않고 버티며 기다리고 있다. 우리나라 정부에 여러 경로를 통해 편지를 보냈지만, 아직 아무런 답을 듣지 못하고 있다.

필자는 불법 도박의 근절, 도박 중독자의 치료와 사회 환원을 위한 노력, 도박 예방 교육이라는 중차대한 세 가지 난제에 대해 해결책을 제시하려는 노력을 결코 멈추지 않을 것이다.

먼저 도박에 대한 국민적 인식과 여론을 바로 잡아야 한다. 지난 2년 반 동안 전 세계는 코로나 팬데믹 사태로 지구촌이 떠들썩했다. 코로나 소리만 들어도 머리가 지끈지끈해질 지경이다. TV의 힘, 여론의 힘이다.

국가와 언론, 우리 사회의 모든 촉각이 코로나에 맞춰져 있었던 것처럼 범국가 차원에서 불법 도박의 실태와 도박 중독자의 자살 등 도박의 위험성과 폐해를 널리 알리고 그에 대한 예방에 힘써야 할 것이다.

앞에서 언급했지만, 현재 케이블 TV 채널이 100개가 넘게 만들어져 방영되고 있는데도 도박 관련 채널은 하나도 없다. 도박 문제를 전담하는 채널을 만들어 가동함으로써 온 국민이 도박에 대한 올바른 이해와 함께 도박에 빠지지 않도록 국민적 관심을 일깨워야 할 것이다.

이 책의 곳곳에서 강조하고 언급했던 말이지만, 우리나라 국민의 의식 속에는 아직도 도박에 대해 나쁜 인식이 팽배해 있어 불법 도박 근절이나 이를 근본적으로 막기 위한 대책이 잘 작동되지 않고 있는 게 현실이다. 특히 도박하는 사람들, 도박 중독에 빠진 사람들이 주위 사람들에게 손가락질당하는 것이 두려워 모두 지하로 숨어있는 상황이다.

자신이 도박하지 않아도 자신의 배우자, 아들과 딸 그리고 친족이 도박으로 신음하고 있는데도 우리는 모른 척하고 아니 실제로 알지 못하고 살아가고 있는 게 현실이다. 도박하는 이들은 자신이 도박하는 사실을 철저히 숨기고 있다. 20년 이상 도박해 재산을 탕진하고 있는데도 아내는 사업이 잘 안 되는 것으로만 알고 있는 현실은 참으로 기가 막힌다.

세상이 각박해지고 많은 사람이 1인 가구원으로 혼자 사는 사회 분위기 속에서 모든 것을 혼자 결정하고 혼자 감당하는 시대가 되었다. 스마트폰만이 유일한 친구이자 탈출구가 되어 자신도 제어할 수 없는 인터넷 도박의 늪에 빠져들어도 그 누구 하나 알거나 말리지 못하는 게 오늘날 우리 사회의 진풍경이다.

이제 국가가 나서야 한다. 현실적으로 불법 도박의 규모와 실태를 파악해 국가가 관리할 수 있는 범위 안에 가둬야 할 것이다. 불법 도박에 빠진 이들을 관리하고 그들을 치료해 사회로 환원시키는 노력을 시작해야 한다. 이런 문제 해결을 가능하게 해줄 전문가를 모아 머리를 맞대고 범국가 차원의 캠페인으로 확대해야 할 것이다. 그것만이 이 불법 도박이 횡행하는 오늘날 도박 사회의 어두운 그늘의 장막을 걷어내고 밝은 내일을 기약하는 유일한 처방이 될 것이라고 필자는 확신한다.

'스타킹'이라는 TV 프로그램이 있었다. 2007년부터 2016년까지 거의 10년간 SBS에서 방송됐던 예능 프로그램으로 인기 스타 강호동이 사회를 맡았고 각양각색 재주꾼들의 등장으로 비교적 인기를 끌었었다.

어느 날 이 프로에 세계 포커 챔피언 이태혁이라는 출연자가 나와 놀라운 묘기를 선보였다. 카드의 달인이라는 이태혁은 사회자에게 52장의 카드 중 아무 카드나 빼 들면 강호동의 눈빛과 마음을 읽어서 그가 들고 있는 카드를 알아맞히는 게임이었다.

강호동이 52장의 카드 중 빼든 카드는 '8 하트'였다. 이태혁은 몇 마디 대화를 나눈 끝에 놀랍게도 정확히 '8 하트'를 알아맞혀

시청자들을 깜짝 놀라게 했다.

이 방송이 나간 후 '스타킹'은 시청자들의 거센 항의에 시달려야 했다. 이태혁은 카드에 다른 이들이 알 수 없는 표식을 했고 이는 결과적으로 '스타킹'과 시청자들을 현혹하고 기만한 것이었다.

그 사건이 있고 난 이후 어느 날 한 통의 전화를 받았다. '스타킹'의 PD로부터 온 전화였다. 시청자들에게 많은 항의 전화를 받고 이태혁이 가짜 세계 포커 챔피언이었고 '스타킹'에서 벌인 게임도 사기극이었음을 깨닫게 되었다는 것이다.

그 PD는 여러 경로로 알아본 결과 "에 대해 알게 되었고, 진짜 세계 챔피언으로서 필자에게 '스타킹' 출연을 부탁했다. 필자는 PD에게 "내가 세계 포커 챔피언이긴 하지만, 나는 강호동이 뽑아든 카드를 알아맞힐 수 없고 TV에 나가서 딱히 보여드릴 것이 없다"고 말하고 출연 제의를 거절했다. 그 후로도 '스타킹' 측으로부터 두어 차례 더 전화가 왔지만, 같은 이유로 출연하지 않았다.

세계 초일류 포커 선수라도 덮인 상대의 카드를 알아맞힐 수는 없다. 포커에서 상대의 '핸드'를 정확히 알 수 있는 것은 특수한 상황에서만 가능해진다. 예를 들어 큰 시합에서 결승전 같은 상황에서의 포커 선수들의 플레이는 그 폭이 좁을 수밖에 없다. 단 한 판의 게임으로 승부가 결정되기 때문에 승률이 낮은 카드로 함부로 블러핑(뺑카)을 할 수 없기 때문이다. 물론 작금의 포커는 예외의 경우가 생기기도 하지만 일반적으로 그렇다는 의미이다.

포커를 할 때 첫 두 장을 받고 베팅을 한다. 그리고 플랍이 세 장 나오고 다시 베팅을 한다. 그다음 턴 카드가 나오고 세 번째 베팅을 하면 이윽고 마지막 카드가 나온다. 바로 이때 승부는 결정된다.

포커 프로선수 중에 고수들은 이 순간 자신이 패배했는지 승리했는지를 동물적인 감각으로 알아낸다. 그러나 세계 최고의 프로 포커 선수는 이 순간에 상대의 핸드를 정확히 알 수 있게 되는 경우가 생긴다.

이제 마지막 카드가 나온 후 최후의 베팅이 이뤄지는데 만약 상대를 이기고 있다 하더라도 정확히 어떤 카드를 가졌는지 모른다면 베팅의 액수를 정하기가 어렵다. 이기고 있는데 베팅을 많이 해서 상대가 죽어버린다면 아무런 이득을 못챙기고 판이 끝나고 마는 것이다. 그러나 정확히 상대가 어떤 카드를 들었는지 안다면 상대가 죽지 못할 만큼의 베팅을 해 상대 칩의 일부 또는 전부를 가져올 수 있다.

이처럼 몇 번의 베팅과정을 거쳤을 때 상대 프로선수의 플레이 패턴이나 스타일 등 여러 가지 복합적인 상황을 고려하여 상대의 카드를 알아차릴 수 있는 것이다.

강호동이 52장의 카드 중에서 아무 카드나 빼 들었는데 그것을 알아맞힌다면 그것은 사기일 뿐 절대로 불가능한 것이다.

우리나라 사람들의 두뇌는 세계에서 최고 수준이라 생각한다. 전 세계 최고 대학인 하버드대의 한 교수가 미래를 알고 싶다면 한국을 배우고 공부하라는 말을 했던 적이 있을 만큼 우리나라는 여러 분야에서 세계인들의 인정을 받고 있다.

그런데 그 좋은 두뇌를 불법 도박을 하는 데 쓴다는 것이 안타깝다. 특수안경과 특수 콘택트렌즈를 따로 제작해 끼고 보면 카드 뒷면에 표기한 투명 페인트를 아주 선명하게 볼 수 있다.

이때 중요한 것은 특수안경과 특수 콘택트렌즈의 배합이 있어야만 가능하기 때문에 안이하게 특수안경만 살펴본다고 하면 이를 밝히기가 어렵다. 이런 기막힌 사기 기술은 중국이나 일본 등 동남아시아로 수출(?)되기도 한다.

필자가 워커힐 카지노에서 포커룸을 운영했을 때의 일이다. 고객 한 사람이 압구정동 포커룸에 갔었던 한 일화를 들려줬는데 경악할 만한 이야기였다.

제법 포커 실력이 뛰어난 그 고객은 압구정동에 있는 포커룸을 방문한 적이 있었는데 운이 좋아서였는지 2,000만 원가량을 딴 후 일어나려 했다. 그런데 그 포커룸의 규정이 최소 4시간 이상 게임을 하게 되어 있었다. 그래서 그 고객은 남은 시간만 보내다 일어나려고 했는데 마지막 순간 최상의 카드가 들어왔다고 했다.

바닥에 깔린 카드와의 조합으로 최고의 핸드를 들었는데 상대가 올인을 했다. 뛰는 가슴을 억누르며 그 고객은 '콜'을 했다. 드디어 마지막 카드가 왔다. 최후의 패를 여는 순간 그는 아연실색했다. 역전 패배였다. 그곳에서 딴 돈은 물론 본전까지 한 방에 다 잃은 것이었다.

내용을 듣고 테이블 상황을 물었는데 앉아 있는 8명의 게이머

중 자신의 칩을 한 번에 다 잃을 수 있는 사람은 맨 마지막에 앉아 있는 사람으로, 하필 그와의 단 한 차례 싸움에서 빈털터리가 되었다는 것이었다.

필자는 단번에 이 게이머들이 소위 '탄'을 썼음을 알 수 있었다. 그 자리에서 고객에게 "당신은 사기를 당한 것"이라고 말해줬다. 더불어 '탄'이라는 사기 수법에 대해 설명해줬다. '탄'은 카드를 0.2초 안에 통째로 다시 조합해 바꿔치기하는 사기술로, 그 누구라도 바로 이 순간에는 사기술을 알아챌 수 없다.

필자는 합법적인 카지노 외에서는 포커를 하지 않는다. 카지노는 테이블 위에 설치된 단 한 개의 카메라가 아닌 모든 테이블 위에 설치된 180도 화각의 카메라들이 여러 각도로 회전하므로 그 어떤 속임수나 조작이 불가능하다.

카메라의 성능이 뛰어나 '줌(zoom)' 기능을 통해 자세히 보면 손목시계의 초침이 돌아가는 것을 볼 수 있을 정도로 뛰어난 성능이기에 카지노를 속이는 것은 원천 봉쇄되어 있다고 할 수 있다. 합법적인 카지노에서는 승부조작이나 카드 사기 등의 수법은 존재하지 않는다. 만약 라스베거스에서 사기 수법이 밝혀지게 되면 당장 엄청난 돈을 쏟아 부어 만든 카지노는 폐쇄된다.

세계의 관광객이 몰려드는 라스베거스에 단 한 번도 손님을 이기기 위한 승부조작은 없었다.

만약 카지노의 누군가가 사기 수법을 쓰게 되면 영원히 비밀로 남을 수 없고 카지노는 시간이 지나면 저절로 돈을 벌기에 절대로 불법 수단을 쓸 필요를 느끼지 않는다. 하지만 불법 도박장에는 소위 '블랙딜러'가 있다.

카드를 바꿔치기한다든지 밑장빼기 등의 완숙한 솜씨로 눈으로 보면서도 당할 수밖에 없는 기막힌 솜씨를 자랑한다.

블랙 딜러의 하루 수입은 일반 딜러들의 10배 이상을, 경우에 따라 딴 돈의 페센트로 일정액의 프로테이지를 받기도 한다.

그렇다면 일반인들이 불법도박장에 간다면 어떻게 될까? 불법도박장은 어차피 불법이므로 모든 수단과 방법을 가리지 않고 돈을 벌려고 할 것이고, 적발되면 장소를 옮겨야 하기에 이른 시일 안에 돈을 쓸어 담으려 할 것이다.

아예 불법도박장에는 가지도 말고 불법 도박하려는 마음조차 절대로 가지면 안 되는 이유이다.

다음은 필자의 어릴 적 친구의 사기도박 경험 사례이다. 서울에 살 때 초등학교를 같이 다닌 옆 동네 친구가 있었다. 그 친구의 집은 비교적 부유한 상태였다. 아들이 셋이었는데 자식들이 장성하자 큰아들이었던 그 친구에게는 조그만 상업용 건물을 사주고 나머지 두 아들에게는 아파트를 한 채씩 사줬다고 한다.

그 친구는 모범생이었으며 동생들도 비교적 착실했는데 뜻밖에도 한 동생이 도박판에서 아버지가 사준 아파트를 날려 먹었다는 것이었다.

그 동생은 도박을 해본 적도 없고 전혀 할 줄도 모르는데 어느 날 친구를 따라 도박판에 갔다고 한다. 양복 차림의 점잖은 사람들이 도박을 하고 있었는데 친구의 동생은 구경만 하면서 맛있는 음식까지 먹으며 즐기고 있었다.

마침 도박을 하던 한 사람이 돈이 떨어졌다며 동생을 도박장으로 데려간 지인에게 1,000만 원을 빌려달라는 것이었다. 그러자 그는 선이자 100만 원을 떼고 900만 원을 건네는 것이 아닌가. 불과 다섯 시간 사이에 그는 3,000만 원을 빌려주고 선이자 300만 원을 벌었다. 이를 목격한 친구의 동생은 참 쉽게 300만 원을 번다고 생각했고 번 돈으로 나이트클럽에 놀러 가 재미있는 시간을 보냈다고 한다. 그 후로 자주 친구와 어울리며 도박판을 들락거렸던 그 동생은 도박판에 갈 때마다 돈을 빌리는 사람들이 현금으로 빌려 간 돈을 즉각 갚는 것을 보곤 했다.

여러 차례에 걸쳐 손쉽게 돈 버는 것을 본 친구의 동생은 욕심이 생겼다. 어느 날 큰 판이 벌어진다는 얘기를 들은 친구 동생은 아버지가 사준 아파트를 담보로 큰돈을 마련해 도박판에 갔고 그 돈을 모두 빌려줬다. 그것으로 끝이었다.

그 도박판에 있던 모두가 처음부터 짜고 이른바 작전을 펼친 것으로 친구 동생의 아파트 담보로 얻은 돈을 사기 친 후 잠적해 버렸다. 이렇듯 도박을 해본 적도 없고 할 줄도 모르는 사람이 우연히 도박판에 들어가 사기를 당하는 사례가 적지 않다. 정말 어처구니없는 일이 아닐 수 없다.

불법 도박 근절을 위한 유일한 방법

대한민국은 법치국가이다. 법치국가란 국민의 기본적 인권이 법으로 보장됨을 원칙으로 한다. 우리나라만큼 늦은 새벽까지 마음 놓고 거리를 활보할 수 있을 만큼 치안 유지가 잘되어 있는 나라는 흔치 않다. 필자는 대한항공의 마일리지가 100만 마일을 넘는 기록을 갖고 있을 만큼 전 세계 많은 나라를 돌아다녔지만, 우리나라처럼 법의 질서가 확실히 서 있는 나라가 많지 않다고 본다.

이처럼 확고한 법질서가 지배하고 있는 대한민국이 왜 불법 도박을 막지 못한다는 말인가. 답은 간단하다. 도박하고 싶은 국민은 넘쳐나는데 국가가 도박하지 못하게 억누르니 자연스레 불법 도박이 성행할 수밖에 없는 것이다.

도박은 인간의 본성에 기인한 행위다. 이제 우리나라도 도박에 대한 인식을 바르게 해야 하고 국민에게 도박에 대한 올바른 인식을 심어줘야 한다. 이를 가능케 하려면 우선 국가적 차원에서 대응해야 한다. 언론도 함께 협력해야 할 것이다.

특히 전문적으로 도박 문제를 다루는 케이블 TV 채널을 만들어 국민을 상대로 계도함으로써 도박에 대한 인식을 제대로 바꿔야 할 것이다. 현재 케이블 TV 채널을 보면 다양한 분야에 걸쳐 백여 개 채널이 있지만 도박 관련 채널은 전무한 실정이다.

불법 도박 매출이 국가 예산의 절반에 가까울 정도로 온 나라를 뒤덮고 있는 '도박공화국'인데 이 문제에 대해 국가가 수수방관해서는 안 된다. 다시 말하지만, 불법 도박은 쉽게 막을 수 없을 만큼 커졌다. 불법 도박으로 인한 국민적 피해는 상상을 할 수 없을 정도이다. 이는 전적으로 국가의 책임이라고 감히 말하고 싶다.

불법 도박은 그 자체로 범죄이다. 온갖 사기가 난무한다. 어차피 불법이므로 사기 행각은 당연시된다. 불법 도박을 획책하는 배후 조직은 이른 시일 안에 돈을 벌기 위해 수단과 방법을 가리지 않는다. 바로 이 지점에 국가의 책임이 귀속된다.

자유 민주주의 국가에서 합법적인 도박 공간을 만들어 줌으로써 당당히 세금을 받고 이를 국가가 국민을 위해 사용하면 불법 도박으로 흘러가는 돈을 좋은 용도로 사용할 수 있게 될 것이다. 불법 도박의 악순환이 아닌, 선순환으로 전환할 수 있는 유일한 방법인 셈이다.

이러한 모든 심각한 상황이 수면 아래 가라앉아 있다 보니 우리 국민은 제대로 인식하고 있지 못한 것이다. 심지어 정부까지도 정확한 실태 파악조차 하지 못한 채 방치하고 있는 현실이 너무나 안타깝기만 하다.

300조 원이라는 불법 도박 규모는 사람들의 상상을 초월하는 어마어마한 금액이다. '정말 그 정도로 큰 규모일까'라고 의구심을 갖는 이들이 많겠지만, 이는 엄연한 현실이다. 제5장 불법 도박 300조 원의 비밀에서 자세히 다룰 내용이다.

이처럼 거대한 불법 도박 문제를 근절하고 이를 수면 위로 끌어올려 양성화함으로써 국민의 도박 피해를 줄이고 원천적으로 불법 도박을 막아내는 유일한 해결책은 전적으로 국가에 있다.

카지노, 무조건 막는 시대는 지났다

예로부터 우리나라는 도박에 대해 부정적인 생각을 가져왔다. 그렇기에 일반적으로 도박을 하는 곳으로 인식되는 카지노에 대한 이미지가 그리 좋을 리 없다. 도박을 할 수 있는 각종 시설과 서비스를 제공하는 곳이 바로 카지노이기 때문이다.

'카지노' 하면 당장 도박사들이 음험한 얼굴로 밤새도록 모여 앉아 카드를 하는 모습이 연상되고 도박 중독이나 패가망신, 사기, 자살 등 부정적인 단어들이 떠오르게 마련이다. 특히 도박은 범죄이며 치료해야 할 질병이라는 인식은 전 국민의 마음 깊은 속에 오래전부터 똬리를 틀고 있었다.

그러다 보니 한국인 중에는 카지노에 출입하는 것을 부도덕한 행위, 나아가 금기시하는 사람도 많았다. 세계 10대 경제 대국인 우리나라에 내국인을 위한 카지노가 '강원랜드' 딱 한 군데밖에 없다는 것은 이와 같은 우리 국민의 인식을 대변해 주는 사실이기도 하다.

그러나 '카지노는 나쁜 곳'이라는 인식은 잘못된 사실이다. 충분히 자기제어만 된다면 최고의 오락이자 쉼을 주는 재충전의 공간이기도 하다. 카지노에 대해 충분히 공부하고 준비된 상태에서 게임에 임한다면 카지노는 얼마든지 즐거움의 장소이고 나아가 인생의 교훈까지 얻을 수 있는 유익하고 값진 공간일 수도 있다.

그러면 '카지노'는 언제부터 생겨났으며 어떻게 발전해 왔을까. 이에 대해 간략히 살펴보자. '카지노(casino)'라는 명칭은 라틴어 'casa'에서 유래한 것으로 '게임이나 음악, 쇼 등의 오락 시설을 갖춘 연회장'이라는 의미이다. 최초의 카지노는 이탈리아에서 1638년 개장했는데 '물의 도시' 베네치아에서 열린 축제 기간에 운영된 리도또(ridotto)가 그것으로, 이는 저택의 별관을 뜻하는 용어였다.

이렇듯 베네치아에서 처음으로 카지노가 탄생했지만, 우리가 잘 아는 카지노게임들인 룰렛과 바카라, 블랙잭 등은 1650~1850년 유럽의 도박 열풍이 그들만의 독특한 풍으로 발현된 프랑스에서 시작되었다.

프랑스의 국왕도 허락할 정도로 도박은 귀족들이 즐기던 놀이였으며, 지배층이 모여들던 베르사유 궁정에서도 없어서는 안 될 중요한 요소였다. 이후 카지노는 점차 유럽으로 퍼졌는데, 고전적 카지노의 전형으로 그 명성이 가장 컸던 카지노는 몬테카를로 카지노였다.

19세기 말 산업혁명에 힘입어 카지노에도 슬롯머신이 등장했고 이는 미국 전역의 도시로 퍼져나가며 미국이 카지노의 국가가 되는 기반이 된다. 한때는 미국에서 도박이 불법화되었지만, 1930년대 대공황 시기와 제2차 세계대전을 거치며 경제적 불황기에 오히려 도박산업은 확산 일로를 걸었다. 그런 와중에 네바다주의 주지사가 도박을 허용하면서 네바다주는 미국 도박의 '오아시스'가 되었고 네바다의 중심 도시인 라스베이거스는 도박의 상징이 되었다.

미국을 비롯해 카지노의 본산지인 유럽, 마카오 등 카지노는 이제 우리 삶과 동떨어져 생각할 수 없는 존재가 되었다. 각국에 세워진 초대형 카지노들은 현대인의 일상 속에서 쉼과 오락의 장소로 받아들여지고 있다.

특히 오래전부터 도박에 대해 좋지 않은 사회적 인식을 가진 동양권에서도 카지노의 열풍은 이미 시작되고 있다. 만성적인 재정 적자에 허덕이며 경제적인 어려움을 겪던 나라가 카지노를 열어 흑자를 기록하고 있다. 대표적인 나라가 싱가포르다. 싱가포르의 탁월한 리더 리콴유는 "내 눈에 흙이 들어가기 전에는 카지노는 안 된다."라며 카지노를 반대했지만, 마음을 바꿔 경제를 살리려는 목적으로 카지노를 승인해 2010년 카지노 복합리조트 문을 연 후 불과 3년 만에 관광객이 2배나 늘어났으며 연간 관광수입이 11조 원이나 증가하여 대 성공을 이뤘다.

대표적인 동남아의 사회주의 국가인 베트남도 카지노 수입에 열을 올리고 있으며, 이웃 나라 일본도 보수적 사회 분위기에 반하는 카지노를 곧 세울 방침인 것으로 알려졌다.

이렇듯 아시아권 국가들까지 카지노를 열기 위해 노력하는 이유는 뭘까. 바로 막대한 재정 수입과 관광객 유치 때문이다. 카지노를 합법화하기 전 싱가포르는 재정 적자에 관광객도 정체되는 양상을 보였으나 카지노 개방 후 관광객이 크게 늘어 현재는 인구가 10배가량 많은 우리나라와 관광객 수가 비슷한 수준으로 증가했다.

그렇다면 우리나라는 어떨까. 2000년 국내인들이 출입할 수 있는 유일한 카지노로 '강원랜드'를 개장했으나 내부적인 수요는 급속히 팽창하고 있는 것이 현실이다. 어떻게든 도박을 제도적으로 막거나 최소화하려고 시도해도 결국 도박을 막을 수는 없는 게 현실이다.

더욱이 강원랜드는 미국과 유럽 등 다른 나라의 카지노에 비해 규제가 심해 국내 이용객들로부터 원성을 듣기도 한다. 최대 베팅 금액도 적고 이로 인해 베팅할 수 있는 최대 금액과 최소 금액의 차이를 의미하는 '디퍼런스'가 미국 카지노들이나 마카오와 비교해 현저히 낮다. 이 외에도 이런저런 규제들은 그나마 유일한 국내 카지노인 강원랜드를 떠나 해외 카지노로 발길을 돌리게 함으로써 심각한 국부 유출이 이뤄지고 있다.

이를 뒤집어 말하면 우리나라 카지노의 개방은 시간 문제라는 의미이다. 도박에 대한 수요는 많이 증가하고 있는데 국내에서 이 수요를 충족지 못하면 국외로 빠져나가는 이른바 '풍선효과'는 당연한 이치가 아니겠는가. 특히 세계 경제 10위권인 거대한 시장에 눈독을 들이고 있는 외국의 카지노 개방 압박은 점점 더 거세지고 있다. 또한 정부의 입장에서도 엄청난 재정 수입이 가능한 카지노 사업을 언제까지 포기하고만 있을 수는 없을 것이다.

여기에 국민이 부정적으로 인식하고 있는 카지노 외에 테마파크와 리조트 등을 초대형으로 건설해 '복합 리조트 단지'로 조성하면, 가족 단위의 국내외 관광객의 유인 효과도 커 일반 국민의 입장에서나 국가 경제 차원에서도 큰 이득이 될 것이다.

현실은 이런데 예전의 고리타분한 유교식 사고방식에 얽매여 언제까지나 카지노 산업을 반대할 수 있단 말인가. 자의든 타의든 우리는 곧 카지노 시장을 개방하게 될 것이며 지척에 두고 누구라도 이용할 수 있는 날이 곧 오게 될 것이다. 여러 번 강조했듯 '하수가 더럽다고 하수구를 막으면, 오물을 뒤집어쓰는 꼴'을 면치 못할 것이다.

빌 클린턴 미국 대통령이 라스베이거스에 방문했을 때의 한 에피소드는 카지노 운영이 필요불가결한 것임을 잘 보여주는 사례라고 할 수 있다. 라스베이거스의 카지노 회장들이 참석한 한 행사에 클린턴 대통령이 축사를 하게 됐는데 이 자리에서 한 용감한 기자가 도박의 폐해를 언급하며 연방정부의 정책을 지적하고 나섰다. 행사에 찬물을 끼얹는 발언인 셈이었다.

도박의 폐해에 대한 정책이나 문제 해결에 대한 답을 예상했던 기자와 좌중의 참석자들은 클린턴 대통령의 대답을 듣고는 깜짝 놀랐다. 대통령의 답변은 라스베이거스 카지노 운영에 큰 문제가 없다며 "도박에 중독될 사람은 다른 일을 해도 성공하기 어렵다"며 라스베이거스 카지노 측에 손을 들어줬다.

이 일화는 미국을 비롯한 전 세계에서 운영되고 있는 4,000여 개의 카지노가 아직도 건재하고 있는 이유를 잘 설명해주고 있다. 카지노와 도박이 당연한 것처럼 받아들여지는 시대에 우리는 살고 있고, 앞으로도 카지노가 여가생활에 중요한 비중을 차지할 것이라는 견해가 압도적으로 많은 상황이 오늘날 현실이다.

어차피 불법 도박을 원천적으로 막는 것은 불가능하다. 정부 차원에서도 힘든 일이다. 불법으로 만든 사이트에 개인이 스마트폰으로 접속해 도박하는 것을 어떻게 막을 수 있나? 이미 언급했듯 연 300조에 이르는 규모로 도박 시장이 확대된 상황은 국가 차원에서도 쉽게 막을 수 없다. 이를 완화할 수 있는 유일한 길은 합법적인 카지노를 세우는 것뿐이다.

이제는 카지노든, 도박이든 무조건 틀어막을 것이 아니라 국민을 상대로 도박의 문제점과 위험성을 잘 일깨우는 동시에 도박을 오락으로 생각할 수 있을 만큼 부담 없이 즐길 수 있는 분위기로 가야 할 것이다. 그것이 가장 효율적인 도박 중독 예방이자 자연스럽게 우리의 삶 속에 중요한 하나의 '놀이문화'로 정착할 수 있게 하는 방법이다.

카지노는 반드시 우리나라에 들어오게 되어 있다. 그것이 5년 후일지, 10년 후일지 아니면 당장 들어올지는 아무도 모른다. 빠르고, 늦고의 차이만 있을 뿐.

현재 강원랜드의 개장 이후 엄청나게 발생하는 도박 문제는 우리가 그만큼 사전에 준비를 잘하지 못했다는 방증이다. 단지 '도박은 나쁘다', '도박하지 말라'고 가르치고 사회적 분위기를 만들면서 강원랜드를 비롯해 경마와 경륜, 경정으로 국민에게 도박을 부추기고 있는 상황에 대해 정부 관계자는 물론 일반 국민도 한 번쯤 깊이 생각해봐야 할 것이다.

이제 이러한 현실을 반면교사(反面敎師)로 삼아야 한다. 도박에 대한 기초상식 수준의 교육도 되지 않은 상황에서 강원랜드를 개장한 후폭풍에 언제까지 혀만 끌끌 찰 것인가.

도박에 대한 국민적 의식이 달라지고 그 위험성을 제대로 인식하게 될 때, 그리고 도박 중독 예방 및 치료 체계가 제대로 갖춰지고 작동된다면 카지노 복합 리조트가 들어와도 부작용을 크게 줄일 수 있게 될 것이다.

<대한민국 정부에 보낸 필자의 제안서>

◈ 제안자의 자기소개

　저는 한국 태생으로서 1981년 미국으로 이주하여 우연히 포커선수로 활약하게 되어 1997년 세계포커대회(World Series of Poker) 우승을 한 이래 도합 27회에 걸쳐 국제포커대회에서 우승을 한 재미교포 Kevin SONG(케빈송)입니다.
　저는 지금도 포커선수로 활동하고 있으며, 저에 대한 이력은 인터넷은 물론이고 위키피디아(Wikipedia) 세계유명인물 백과사전에도 등재되어 있습니다.
　저는 미국은 물론 전 유럽, 동남아시아까지 전 세계의 카지노에서 수많은 포커 시합을 해오면서 카지노의 운영현황과 시스템 전반에 대하여 풍부한 경험을 가지게 되었습니다.

◈ 복합 카지노 산업에 대하여

가. 세계 각국의 카지노 산업 육성정책

　미국의 라스베이거스, 중국, 마카오는 물론이고 전 유럽, 동남아시아 등지에서 이미 카지노 산업의 엄청난 경제성을 예측하고 대규모 카지노 산업 프로젝트의 실현에 나서고 있습니다. 그러나 대한민국은 황금알을 낳는 카지노 산업에 관하여 규제만 할 뿐 후진국 수준을 면치 못하고 있습니다.

나. 카지노 산업 육성의 경제적 효과

① 카지노 및 관련 사업의 발전 사업에 따르는 세수 증가
② 관광호텔 등 숙박업, 쇼핑산업, 공연산업, 유흥업, 골프

등등 카지노 관련 관광산업의 발전

③ 외국인 관광객 유치로 외화 획득의 효과

④ 내국인이 외국 카지노 관광으로 인한 외화 낭비 방지

⑤ 카지노 산업 관련 고용 증대

⑥ 불법적인 도박의 효과적 근절

그럼 제가 구상하고 있는 복합 카지노 프로젝트를 말씀드리겠습니다. 복합 카지노 리조트는 먼저 같은 장소에 총 3개의 호텔을 건설합니다. 하나는 5성급 호텔로 비교적 저렴한 가격에 관광객들이 쉽게 관광 올 수 있는 호텔입니다. 두 번째는 6성급 호텔로 VIP 고객을 유치할 수 있는 호텔입니다. 세 번째는 7성급 호텔로 세계적인 부호들을 유치할 수 있는 그야말로 최고의 카지노 호텔을 짓는 것입니다.

그리고 복합 카지노 리조트에는 최첨단의 디즈니랜드, 최상급인 골프 코스를 비롯해 세계적인 규모와 시설의 쇼핑센터, 세계 최고 수준의 테마파크 등 전 세계가 놀랄 만큼의 복합 리조트로 만들어 세계인들의 휴양지 및 관광지가 되도록 하는 것입니다. 대한민국의 랜드마크로 만들면 큰 성공을 기대할 수 있습니다.

이 프로젝트는 최소 5만 개 이상의 일자리 창출을 하게 될 것이며 대한민국 경제에 파격적인 영향을 미치게 될 것입니다. 싱가포르의 경우 국부로 칭송받던 지도자 리콴유는 "내 눈에 흙이 들어가기 전에는 절대 카지노는 없다"는 마음을 바꿔 카지노를 만들어 싱가포르 경제에 커다란 성공을 거둔 바 있습니다. 우리나라 경제 발전을 위해 숙고해야 할

좋은 사례라고 생각합니다. 참고하시면 좋습니다.

언젠가 우리나라는 세계의 다른 나라들처럼 대규모 카지노 리조트를 세우게 될 것입니다. 그러나 제가 바로 지금이어야 한다고 주장하는 것은 바로 일본 때문입니다. 일본이 미국의 MGM사와 계약을 했고 카지노 리조트 건설을 추진하고 있기 때문에 더 이상 기다리면 안 됩니다. 과장된 친절로 뭉쳐진 일본이 카지노 프로젝트(2029년 하반기 개장 예정)를 성공하고 난 후에는 너무 늦은 결과를 초래할 것입니다. 일본의 카지노는 성공할 수밖에 없기에 저는 두려운 생각이 듭니다.

제가 구상하고 있는 프로젝트는 최소 100조 원 이상의 예산이 필요합니다. 사업추진에는 두 가지 방법이 있습니다.

첫째는 미국 카지노 자본과 노하우로 카지노 복합 리조트를 건설하는 것입니다.
둘째는 우리나라 정부가 공기업을 만들어 주식 발행을 통해 기업과 개인으로부터 공개적으로 투자자금을 모아 투명하게 복합 카지노 리조트를 건설하는 방식입니다. 저는 개인적으로 우리나라가 직영하는 방법이 좋다고 생각합니다. 막대한 수익이 유출되지 않는 길이기 때문입니다.

최적의 장소는 제주도가 좋습니다만 가령 전남 해남이나 제3의 장소도 가능하다고 생각합니다.

우리나라에 카지노가 들어서면 도박공화국이 될 것이라는

주장이 있습니다만 우리나라는 이미 도박공화국입니다. 우리나라 도박의 합법적인 매출은 연간 20~24조 원 정도지만 불법 도박매출은 최소 100조 원에 달한다는 것이 문화체육관광부, 국정원, 사행산업통합감독위원회의 조사에 의해 밝혀진 바 있습니다. 하지만 이 조사는 이미 오래전에 알려진 내용이고 최근에는 인터넷의 발달로 핸드폰으로 도박을 하는 추세여서 불법 도박의 매출은 상상할 수 없을 정도입니다. 세금 한 푼 내지 않는 불법 도박이 엄청난 추세로 확대되고 있는 상태입니다.

불법 도박은 근절하기 어렵습니다. 오래도록 정부가 노력했지만 불법 도박은 계속 확대되었습니다. 이러한 내용에 대해 자세한 조사를 해보시기를 간절히 청합니다.

이 프로젝트의 최대 걸림돌은 우리나라 국민의 정서입니다. 하지만 국가적인 차원에서 여론을 잘 조성하시면 국가가 카지노를 투명 정대하게 운영할 수 있어서 우리나라 국민의 높아진 의식 수준으로 이 프로젝트가 절대로 불가능한 영역이 아닐 것입니다.

제가 제안드리고 있는 이 프로젝트는 전 세계의 주목을 받을 것이며 관광지로 각광받으며 경제에 새로운 활력을 불어넣을 수가 있습니다. 이 프로젝트에 대해 조금 더 상세한 설명을 할 수 있는 기회를 주시기 바랍니다.

2022년 6월 케빈송

도박 중독자 치료의 중요성

도박 중독자에 대한 우리 사회의 시선은 곱지 않다. 많은 국민이 도박 중독을 다른 질병과 같은 차원에서 보는 것이 아니라 한 개인으로서의 치부나 결함으로 보는 경향이 강하기 때문이다. 그리하여 치료가 필요할 정도로 중독증상이 심각하고 일상에 지장을 주거나 심지어 삶이 파탄 나더라도 치료를 꺼리고 음지로 숨어 상황을 더 악화시키는 사례가 많다.

이처럼 도박 중독자 치료는 그 어느 질병보다도 어렵고 매우 어려운 과정을 수반한다. 특히 도박에 대해 좋지 않은 사회적 인식으로 인해 중독자 본인은 물론 가족과 지인, 주변인 등 많은 이들이 심적으로 고되고 힘든 과정을 거쳐야 한다.

그렇기에 도박 중독 치료는 개인과 가정의 수준을 넘어 범사회적, 범국가적 차원에서 도박 중독의 근본적인 원인과 치료방식과 과정, 치료 후 관리 등 단계별로 체계적인 관리가 필요하다.

근본적인 도박 중독 치료를 위해서는 도박하게 된 요인들을 다각도로 파악, 치료에 활용해야 한다. 다음 장에서 더 구체적으로 언급하겠지만, 한두 가지의 요인만으로 도박 중독에 이르지는 않기에 그렇다.

더욱이 도박 중독 치료 이후의 삶과 가족 및 사회 복귀를 위한 조력 역시 매우 중요하다. 치료 이후 다시 자신의 삶을 찾기 위한 노력과 일정한 시스템이 없으면 다시 도박의 길로 들어설 가능성이 존재하기 때문이다.

필자는 도박 중독자를 치료해 본 경험이 있다. 로스앤젤레스 동쪽 30마일 떨어진 다이아몬드 바(Diamond Bar)에 살고 있을 때의 일화다.

인근 성당에 같이 다니던 한국인 수의사가 한 사람 있었는데 그가 도박에 빠져 모든 재산을 탕진하고 운영하던 병원마저 빚으로 인해 타인에게 넘어갔다. 설상가상으로 빈털터리 신세가 된 그는 사채까지 써 완전히 나락으로 떨어지게 되었다. 그가 할 수 있었던 것은 오로지 술에 의지해 현실을 잊어버리는 일뿐이었다. 그의 아내는 밤낮으로 술을 마셔대는 알코올중독자로 전락한 남편으로 인해 날마다 눈물로 지새야 했다.

필자는 그 수의사를 찾아가 "소주 한잔하자"라고 제안했고 알코올중독자인 그는 흔쾌히 수락했다. 술자리에서 그에게 포커 선수로 활동해 온 과정을 소상히 이야기했다. 필자를 프로도박사로 알고 있던 그는 술을 마시면서도 필자의 이야기에 눈을 반짝이며 관심을 두기 시작했다. 자신은 도박으로 전 재산을 날렸는데 어떻게 케빈송은 카지노에서 돈을 벌 수 있었는지 호기심이 강하게 발동했던 것이었다.

그런 변화를 눈치채고 그에게 많은 질문을 쏟아부었다. 언제부터, 어떤 심리상태로 도박하게 되었는지 아주 소상히 물었다. 그는 동물병원에서 일하면서 직업적인 스트레스와 과중한 업무로 인해 늘 심신이 피곤하고 삶이 무료했었는데, 어느 날 친구들과 여행 중에 들렀던 라스베이거스에서 돈을 따면서 도박에 빠지게 되었고 돈을 따면서 너무나 큰 희열을 느꼈다고 했다.

그는 아내와 나이 차이가 커 깊은 대화를 나눌 수 없었고 그로 인해 집에 돌아와서도 늘 고독감을 피하지 못했다. 집에서 가까운 카지노를 자주 드나들게 되면서 그는 서서히 도박의 수렁에 깊이 빠져들게 되었다.

초저녁부터 새벽 두 시가 넘어 술집의 문을 닫을 때까지 그의 사연을 경청했다. 그 후 시간만 나면 그와 자주 소주를 마시며 이야기를 나눴다.

몇 달이 지난 후 그 수의사에게 골프를 치자고 제안했다. 오래전부터 치던 골프에 흥미를 잃고 있었던 그는 좋은 술친구인 필자가 여러 차례 권유하자 마지못해 따라나섰다. 알코올중독으로 오랫동안 필드를 나오지 않은 탓인지 그의 골프 실력은 형편없었지만, 개의치 않고 그와 골프를 즐겼다. 주로 카트를 타고 라운딩을 했었지만 어느 정도의 시간이 지난 후 필자가 걸어서 치자고 제안을 했다.

처음에는 18홀을 다 돌지 못할 정도로 그의 체력이 바닥이어서

중도에 여러 차례 라운딩을 포기해야만 했다. 그러나 시간이 흐르자 그는 이내 18홀을 걸어서 공을 칠 수 있을 정도로 체력이 좋아졌고 얼굴에는 그동안 보지 못했던 생기가 돌기 시작했다.

그를 처음 만나 어울린 지 거의 10개월이 지났을 때 그에게서 어느 정도 도박으로 인한 고통과 트라우마가 가라앉고 있다는 느낌을 받았다.

그로부터 얼마 지나지 않아 그는 새로운 동물병원에 일자리를 얻었다. 보수는 전과 비교해 많지 않았지만, 소액이나마 조금씩 빚을 갚을 수 있을 거라며 그는 내게 처음으로 환한 미소를 보였다. 그리곤 이내 그는, 도박에 빠져 수년 동안 아깝게 보낸 허송세월이 부끄러웠는지 겸연쩍은 표정을 지었다. 그는 그렇게 재기에 성공했고 그를 치유했다는 마음에 보람과 큰 기쁨이 가슴 속에서 뭉클하게 솟아올랐다.

일반적으로 도박 중독자는 오로지 도박해서 돈을 따는 순간에만 행복감을 느낀다. 하지만 이 세상에는 도박해서 돈을 따는 일 말고도 얼마든지 행복을 느낄 수 있는 일이 많다. 필자가 수의사와 함께 체험했던 일화에서 얻은 교훈은, 도박 중독자에게 진정한 행복이 무엇인지 몸과 마음을 통해 절실하게 느끼고 깨닫게 해줘야 한다는 것이었다.

도박 중독자의 치료에 있어 실효성을 거둘 수 있는 지름길은, 지푸라기라도 잡고 싶은 심정으로 중독치료기관을 찾아 문을 두드리는 사람들의 마음을 먼저 진정으로 헤아리는 자세이다.

그러한 자세가 갖춰진 이후 중독자가 언제부터 도박하게 되었는지, 도박하게 된 배경과 중독자의 심리상태와 생각, 주위의 환경 등을 꼼꼼히 살피고 따뜻한 마음으로 그들을 대해야 한다. 도박으로 피폐해진 사람이 자신의 이야기를 속 시원히 모두 털어놓도록 유도하고 그가 처한 환경을 세심한 주의를 기울여 살펴야 한다. 도박 중독자가 자신이 겪은 것들을 모두 고백했을 때 그때에야 비로소 그의 마음이 조금이나마 위로받아 열리게 되는 것이다.

도박 중독자 치료는 매우 어렵다. 그렇지만 필자는 어떻게 해야 도박 중독자들이 본질적인 치료를 통해 치유되고 다시 사회로 복귀할 수 있는지 오랜 세월 동안 연구하고 생각하고 고민해왔다. 다음 장에서 구체적이고 소상히 기술한 '전인적 도박 중독 재활 프로그램'이 바로 그런 고민의 결과이다.

도박 중독을 치료할 수 있는 최선의 비책

필자는 이들을 위한 합숙 치료를 제안한다. 합숙 치료는 위에서 언급한 전인적 방법의 치료 프로그램을 중심으로 운영한다. 중독 정도에 따라 1개월, 3개월, 6개월, 1년 등으로 치료기간을 세분화하고 과정을 다양화한다. 예를 들어 50명의 도박 중독자가 합숙 치료를 받는다면, 경증과 중증의 단계에 따라 10명씩 5개 조로 편성, 가장 나이가 많은 이를 조장으로 세운 후 군대와 같은 방식으로 온종일 함께 생활하는 것이다.

같이 식사를 준비하고 함께 땀을 흘리며 축구나 배구 등 스포츠 경기를 하게 한다. 다른 조와 선의의 경쟁을 유도해 협동을 통해 정당한 방법으로 승리를 맛보는 체험을 시키는 것이다.

저녁 식사를 마치면 카지노에서 할 수 있는 게임을 시켜도 좋다. 바카라, 블랙잭 등 돈을 따기 위해 눈에 불을 켜고 했던 게임을, 설거지나 화장실 청소 등의 벌칙을 내건 건전한 게임으로 유도해 시킨다. 돈을 잃을 걱정이 없으니 맘 편하게 게임에 임할 수도 있고, 게임을 하며 그동안 그 게임에 목을 맨 자신을 객관적으로 돌아볼 수 있는 계기도 될 것이다. 특히 게임의 위험성을 체험할 수 있는 기회로 만드는 것이 필요하다. <u>도박에서 빠져나오는 유일한 길은 도박을 오래하면 할수록 절대로 이길 수 없다는 것을 도박자 자신이 통감하여 알게 하는 것이다.</u>

<u>알고 난 후에는 도박을 하게 되더라도 무리한 돈을 배팅하거나 자신의 재산을 탕진하는 일은 자동으로 도박자 자신이 제어하게 될 것이다.</u>

합숙 치료를 통해 그동안 잃었던 웃음과 작은 것에서 얻을 수 있는 소소한 행복의 가치를 깨달아 가고, 타인의 존재를 발견하고 그 가치를 인정하고 배워가는 과정을 통해 중독자는 지나온 자신의 삶을 되돌아볼 기회를 가질 수 있을 것이다.

물론 틈틈이 전문가가 수행하는 정신병리학적 치료와 약물 처방 등 의료적 치료도 병행해야 한다. 경증과 중증 등 도박 중독의 단계를 판단해 전문가들이 그에 알맞은 맞춤 해법을 제시한 후 전인적 치유 프로그램으로 구성된 합숙 치료를 병행한다면 도박 중독자 치료가 가능할 것이다.

또 한 가지 중요한 것은, 치료 중인 도박 중독자의 가정에 최소한의 기초생활을 할 수 있는 재정적 지원을 해야 한다는 것이다. 도박 중독 치료자는 이미 도박으로 인해 경제적으로 어려운 상태에 처해 있는 상태일 가능성이 크다.

도박 중독자의 가정에 기초생활비를 지급함으로써 중독 치료자가 아무런 부담 없이 도박 치료에 집중하고 치료 후에는 자연스럽게 가정과 사회로 복귀할 수 있는 시스템을 만들어야 한다는 게 필자의 생각이다.

전인적 '도박 중독 재활 프로그램'이 필요하다

　많은 사람이 도박에 빠져드는 이유는 무엇일까. 여러 가지가 있겠지만 가장 큰 이유로 전문가들은 '짜릿한 쾌감'을 든다. 실제로 도박하면 뇌 속에서 엔돌핀과 도파민이 분비되어 쾌감을 느끼게 되고, 이는 곧 중독성으로 연결될 가능성이 매우 크다는 게 전문가들의 견해이다. 도박 중독자들은 도박 이외의 것들에서는 쉽게 흥미를 느끼지 못한다. 도박을 통해서만이 쾌감을 느껴 도박을 '돌파구'라고 여기는 경향이 크다는 것이다.

　이와 함께 어릴 적 가정에서의 결핍이나 트라우마에 의한 상처, 현실로부터의 도피나 변화에 대한 갈망, 지루한 환경에서의 탈피 등도 도박에 빠져드는 요인이 되고 있다.

　그렇다면 도박 중독은 유전적 요인일까, 아니면 환경적 요소로 생기는 것일까. 캐나다의 토론토대학교의 테퍼만 교수팀의 연구에 의하면, 도박 중독은 유전적 요인에 의한 것이 아닌 후천적인 요인들에 의해 만들어지는 것이며 개인의 심리와 병리적 문제를 포함해 사회적인 문제로 받아들여야 한다고 강조했다.

특히 그러한 배경을 고려할 때 도박 중독의 치료는 매우 중요하다고 할 수 있으며 병적인 도박자에 대한 치료는 그래서 단편적으로 접근할 수 없다. 하나의 질환이 아닌 각기 다른 여러 개의 정신병리적 상태가 복합적인 모습으로 형성된 것일 수 있다는 게 테퍼만 교수를 비롯한 전문가들의 시각이기 때문이다.

따라서 단순히 도박을 막는 것뿐만 아니라 마음속 심연에 깔린 다양한 병리 현상을 살펴보고 전인적 재활 프로그램을 만들어 장기간 치료하는 것이 훨씬 효과적일 것이다.

특히 도박 중독자들은 우울증이나 불안증, 타인에 대한 공격성 등을 보이는 경우가 대부분이므로 이에 대한 치료를 동반해야 한다.

도박을 끊은 이후 어떤 삶을 이어갈 것인가, 가족과 지인들과의 관계 개선과 도박으로 생긴 빚을 어떻게 청산할 것인가 등에 대해서도 스스로 고민하고 답을 찾을 수 있도록 도움을 주는 것도 중요하다. 더불어 일의 소중함에 대한 올바른 인식도 심어줘야 한다. 자신과 가족의 경제적 삶을 해결하고 새로운 인생을 만들기 위해 꼭 필요한 과정이기 때문이다.

이처럼 도박 중독자에 대한 치료는 무척 어렵고 다양한 요인들에 대한 근본적 처방이 필요하며 다양한 과정을 거쳐야 한다. 특히 경증 중독자와 중증 중독자 등 중독 단계에 따라 따로 분리해 치료해야 그 효과가 극대화할 수 있다.

도박 중독자의 개인적 성향, 어떻게 도박을 시작했는지 도박에 빠져든 배경과 가정환경, 어릴 적 양육 과정 등 전방위적인 데이터를 확보해 치료에 임해야 한다. 한 번 도박하면 얼마나 빠져 있는지, 중독자의 경력과 경제적 상황, 심리상태 등도 고려해야 할 중요한 요인들이다.

한 번 치료를 받았다가 재발하는 경우도 살펴야 한다. 더불어 도박 중독 증상이 보였을 경우 증상의 양상과 이에 대한 사례별 대응 및 치료 방법도 달리해야 할 것이다.

무엇보다 치료과정에서 필요한 것은 전인적 재활 프로그램을 가동해야 한다는 점이다. 전인적 재활 프로그램은 도박 중독이 질병이라는 기존의 인식에서 벗어나 인간 본성에 기인한, 누구나 빠져들 수 있는 행위라는 사실을 받아들일 때만이 가능해진다. 도박 중독의 본질적인 치료란 단지 도박을 끊는 데서 그치는 것이 아니라 이전에는 느껴보지 못했던 행복감과 한 인간으로서 갖는 자존감을 회복하는 것이며, 자신과 가족, 사회를 위해 이바지할 수 있는 삶, 당당한 사회의 일원으로서 자리매김할 수 있도록 갱생하는 것이다.

더불어 중독자 본인뿐만 아니라 배우자와 자녀, 부모 등 가족들의 상처와 고통도 회복될 수 있도록 그들에 대한 치료도 병행해야 한다. 특히 도박으로 파탄이 간 가정경제의 회복을 위해 재정적 도움도 반드시 필요하다.

사행산업통합감독위원회나 한국도박문제예방치유원 등 정부 기관들이 벌이고 있는 사업은 크게 불법 도박 방지 활동과 도박 중독자 치료 활동, 도박 예방 교육 활동으로 나눠볼 수 있다.

그런데 불법 도박 방지 활동은 사실상 유명무실하다. 이들 기관이 현실적으로 불법 도박을 절대 막지 못하기 때문이다. 오히려 불법 도박 규모는 시간이 갈수록 더 커지고 있는 현실이 이를 증명한다.

그렇다고 도박 중독자 치료가 잘 이뤄지는 것도 아니다. 또한 예방 교육 활동은 절대적으로 미흡한 수준에 그치고 있다. 전에 필자가 이런 문제를 논의하기 위해 사감위의 도박치유 과장과 만나 얘기할 기회가 있었는데 그만 질려버리고 말았다. 시쳇말로 벽하고 얘기하는 것 같은 느낌이었다. 당시 그에게 강조한 것은 전인적 치료의 필요성이었다.

그렇다면 도박 문제의 효율적인 해결 방법은 도박 중독자 치료에 더 큰 힘을 쏟고 집중하는 것이다. 그런데 기존의 관료적 탁상행정의 방식으로 접근하면 이마저도 힘들다. 우선 도박 중독자 치료는 그들의 마음을 진정으로 끌어안을 수 있고, 그들의 심정을 이해하며 사랑과 행복감을 느낄 수 있게 하는 방식의 치료가 행해져야 한다.

진정한 삶의 행복은 거창한 것이나 돈에서 나오지 않는다. 예전에 필자가 아내에게 결혼 10주년 기념선물로 4.3캐럿짜리 다이아몬드가 박힌 반지를 사준 적이 있었다. 아내는 평생 일을 해보지 않고, 어릴 적부터 따뜻한 가정에 많은 사랑을 받고 자란 사람이다. 그런 사람인데 다이아몬드 반지 선물에 크게 좋아하는 기색이 아니었다. 물론 선물을 받았을 때 밝게 웃으며 고마움을 표했지만 말이다.

그런데 얼마 후 지인에게서 얻은 여성지 한 권을 아내에게 갖다줬

더니 깜짝 놀라며 감격해했고 급기야 눈물을 보이는 것이 아닌가. 친구에게 전화해 "남편이 너무 자상하다"라고 머쓱한 자랑까지 하는 것을 보고 절실히 깨달았다.

'아, 행복은 돈으로, 4.3캐럿짜리 다이아 반지로 살 수 있는 게 아니구나. 작고 보잘것없지만, 거기에 진실한 마음과 사랑이 있으면 행복이구나'라는 생각이 들었다. 아내가, 남편이, 부모와 자녀가 서로 인정해주고 마음을 주는 것처럼 흐뭇하고 행복한 것은 없다. 그 속에 진정한 행복이 자리를 잡고 있는 것이다.

도박 중독자들 대부분은, 그렇듯 작고 소소하지만, 큰 행복감을 느끼는 경험을 잘 모른다. 보통 사람들은 TV의 코미디 프로그램이나 유행하는 우스갯소리에도 쉽게 반응하며 웃고 즐기지만, 도박 중독자들은 이런 평범한 행복감도 제대로 느끼지 못한다. 요즘 유행하는 '소확행'의 의미도 모르고 삶에 아무런 감흥도 없다. 뭐해도 즐겁지 않고 무기력하기만 하다.

머릿속에 카드만 왔다 갔다 한다. 슬롯머신의 '잭팟'만 눈에 어른거린다. 오로지 도박을 통해 돈을 따는 것만이 중독자들의 기쁨이자 행복이다.

언젠가 필자는 직원을 강원랜드의 도박 중독자센터에 보내 도박 중독 치료를 받게 했던 적이 있었다. 그 직원이 받은 치료과정을 듣고 필자는 경악했다. "왜 도박했느냐", "다시는 도박하면 안 된다"라는 것이 도박 중독자 상담자가 해준 상담 치료의 전부였다는 것이다.

우리나라의 도박 인구는 그야말로 어마어마한 규모이다. '사행산업통합감독위원회'가 지난 2020년 조사해 발표한 자료에 따르면, 19세 이상 성인 국민의 15%가 불법 도박을 경험한 것으로 조사됐는데 이는 2015년 기준 11%에 비교하면 4년 만에 4%가 늘어 급속한 증가세를 보였다. 특히 20대 층과 여성의 비중이 급격하게 늘고 있어 이 부분도 주목해볼 만하다.

불법 도박 가운데 가장 높은 비중을 차지하는 것이 불법 스포츠 도박이었다. 불법 스포츠 도박은 약 20조 원 규모로, 스마트폰이 대중적으로 보급되면서 급속하게 증가한 것이다. 참여금액에 제한이 없고, 전 세계 스포츠 경기를 대상으로 24시간 운영되는 곳이 많다 보니, 남녀노소를 불문하고 쉽게 빠져드는 경향을 보인다.

불법 도박에 손을 댄 경로와 이유를 보면 사태의 심각성을 더 잘 확인할 수 있다. 전통적으로 도박에 빠지게 되는 이유인 '돈을 따기 위해 도박을 한다'는 비율은 전체의 17%로 그다지 높지 않았다. 반면 '기분전환 목적'이 25%로 가장 많았고 '친목 도모'가 21%로 그 뒤를 이었다. '흥분과 쾌감'을 위해 도박한다는 비율도 14%나 되어 전체적으로 보면 심리적 이유로 불법 도박에 빠져드는 비율이 엄청나게 높다고 볼 수 있다.

사행성 게임 가운데 중독성을 가진 비율이 31%로 조사되어, 도박에 빠지면 쉽게 중독될 수 있음을 짐작해 볼 수 있는 대목이다.

이러한 조사 결과가 우리에게 시사하는 바는, 도박이 금전적 목적보다는 기분전환이나 그 과정에서 느끼는 쾌감을 위한 것으로 점차 변화되고 있다는 점이다. 이는 현대인들이 사회적으로 좌절감이나 우울감을 느낄 때, 도피의 목적으로 도박을 선택하는 경우가 늘고 있다는 사실이다.

장기적인 경기 침체와 불황, 빈부 격차의 문제와 상대적 박탈감, 현대인들의 고독과 사회적 고립감 등 다양한 문제로 인해 불법 도박에 손을 대고 결국 나락으로 떨어지는 악순환이 오늘도 계속되고 있는 형국이다.

더 큰 문제는 국가기관들이 내놓은 통계나 데이터들이 지금의 현실을 오롯이 반영하고 있는가 하는 문제이다. 물론 국가기관들이 최고의 인프라를 통한 조사기법 및 방식 등으로 최대한 객관적인 데이터를 제시하고 있다고 보이지만 그럼에도 맹점이 분명히 존재한다고 본다.

통계상 불법 도박 규모가 2019년 기준 81조 원에 달하고 있는데 음성화된 인터넷 온라인 도박의 발달 과정과 규모를 봤을 때 필자는 약 300조 원 규모라고 확신한다. 공식적인 통계의 3배가 훨씬 넘는 규모로, 이는 2023년 우리나라 전체 예산의 50%에 육박하는 수치이다.

작금의 시대는 지하철에서 스마트폰으로 인터넷 도박을 하는 시대이다. 우리나라 인구 대비 스마트폰 보급률은 거의 100%에 가깝다. 그 말을 뒤집어보면 우리 국민 누구라도 인터넷 불법 도박을 할 수 있는 토대가 구축되었다는 의미이다.

위에서 제시한 사행산업통합감독위원회의 조사 결과에서도 나타났듯 최근 불법도박을 포함해 각종 도박을 시작하는 연령대가 낮아지고 있다. 길거리 전봇대나 광고판 등에 나붙은 '대출 홍보지'는 스마트폰만 있으면 누구든 쉽게 100만 원을 대출할 수 있는 시스템이 우리 청소년들을 불법 도박의 세계로 쉽게 인도한다.

그 홍보지를 보고 쉽게 대출받아 도박에 빠져 돈을 날리면, 그 100만 원을 갚기 위해 공부해야 할 시간에 편의점에 나가 일하거나 배달일을 하기 위해 오토바이를 탄다. 이자가 쌓여 몇 달이 지나면 원금 100만 원이 700~800만 원이 되고, 이 정도의 큰돈은 아르바이트로는 변제가 어렵기에 절도나 강도 등의 범죄로 쉽게 이어지는 구조이기 때문에 도박 예방 교육의 필요성을 절감하는 것이다.

필자는 한국에 와서 많은 곳을 다녔다. 강원랜드에 십여 차례, 경마장에 50여 차례 등 한국의 도박 현장을 돌아보면서 많은 생각을 하게 되었다.

우선 강원랜드는 카지노라기보다는 아수라장에 가까웠다. 게임 테이블 하나에 20~30명이 두 겹, 세 겹으로 둘러싸여 베팅을 했고 서로 네 돈, 내 돈 따지며 실랑이를 벌이는가 하면 욕설이 마구 오가기도 했다. 전 세계 어느 나라 카지노에서도 볼 수 없는 광경이었다. 도박이 뭔지 기초상식조차 없이 그저 마구잡이식 도떼기시장과도 같았다.

과천의 경마장은 주말마다 방문했다. 필자의 매형이 경마로 많은 재산을 날린 이력이 있어서 경마에 관한 좋지 않은 기억이 있던 참이었다. 경마장에 방문할 때마다 아주 소액으로 베팅을 했는데 결과는 경악할 만한 수준이었다. '50전 1승 2무 47패'. 필자가 거둔 경마장 전적이었다. 경마장 입구에서 파는 경마전문지 등을 보고 했는데도 말도 안 되는 승률이었다.

미국에도 경마장이 있는데 미국의 경마장 분위기는 한국과는 사뭇 다르다. 미국인들은 자신이 베팅한 말이 결승선에 들어오면 엄청나게 환호하고 열광한다. 경주마들이 경쟁하며 다이내믹한 장면을 연출하는 데 화답하듯 열정적인 응원을 보내는 것이다.

그러나 필자가 방문했던 한국의 경마장에는 열정적인 응원은 없었다. 선두를 달리는 경주마가 결승선을 통과할 때, 뒤로 돌아 결승점을 통과하는 말을 보지 않고 관중을 돌아다 봤다. 기대했던 환호는 거의 없었고 알 수 없는 정적만이 관중석에 가득했다. 그렇게 조용한 경마장을 일찍이 본 적이 없었다.

왜 그런 것일까. 그 해답을 깨닫기에는 그리 오랜 시간이 걸리지 않았다. 전셋돈을 빼 5,000만 원을 걸어 모두 날렸는데 지금 우승한 말로 몇십만 원 벌어봐야 좋을 리 없는 것이다. 오락이나 가벼운 유흥의 차원에서 소액을 베팅하는 미국의 경마장과는 달리 큰돈을 벌기 위해 무리하게 베팅하는 한국의 경우 명백한 도박이 아닐 수 없는 것이다.

우리나라의 경마장 분위기는 어둡다 못해 살벌하기까지 하다. 노숙자 같은 입성으로 퀭한 눈을 굴리며 오가는 사람들을 심심찮게 발견할 수 있으며 여기저기서 싸움판이 벌어지기도 한다. 매표하는 창구 직원에게 욕설하는 경우는 비일비재하고 청소하는 관리원에게 악다구니를 쏟는 등 살풍경을 연출하기도 한다. 속된 말로 '개판 오 분 전'이다.

경마장은 절대로 돈을 딸 수 없는 구조로 되어 있다. 경마장에서 10만 원을 베팅할 경우 베팅과 동시에 그 10만 원의 가치는 7만 2,000원의 수준으로 떨어진다. 베팅 수수료가 28%로, 베팅하는 순간 2만 8,000원이라는 돈이 경마장 측으로 넘어가기 때문이다. 놀랍지 않은가?

라스베이거스에서 활동하는 프로도박사 가운데 생계를 위해 일하는 프로도박사 수가 4,000여 명 된다고 알려져 있다. 필자가 볼 때 그 숫자는 너무 부풀려져 있다고 본다. 1,000여 명에 많아도 2,000여 명 수준이라고 보면 된다. 그런데 그들은 카지노에서 돈을 따서 생활하는 이들인데 그들이 생각하는 최고의 '카지노 에지(카지노가 베팅하는 사람에 비해 유리한 정도)'는 약 5% 정도다. 다시 말해 카지노가 5% 이상 유리하면 돈 따기는 절대 불가능하다는 것이다. 그런데 무려 28%의 높은 수수료를 받아 챙기는 경마장에서 돈을 딸 가능성은 100% 없다고 봐도 무방하다.

그런 상황인데도 수많은 사람이 경마장으로 몰려가, 가벼운 유흥이나 오락 차원도 아니고 정색하며 거액의 돈을 걸고 도박하고 있다는 사실에 큰 충격을 받았다. 경마장은 많아야 10~20만 원을 걸고 재미로 하는 오락이지, 전세금을 빼서 혹은 거액의 돈을 대출받아 베팅하는 곳은 절대 아니다.

참으로 어이없는 장면은, 경마장 앞에서 파는 1,000원짜리 '경마 정보지'를 믿고 거기서 예상하는 말에 그 큰돈을 건다는 사실이다. 웃어야 할지, 울어야 할지 모르는 어처구니없는 상황이 아닐 수 없다.

이는 도박을 법으로 금지하고 못하게 했던 우리나라에서 강원랜드를 비롯해 경마, 경정, 경륜 등 합법화한 도박장이 생겨나자 사람들이 도박에 대한 오랜 억눌림을 참지 못해 터져 나오면서 나타나는 현상이라고 할 수 있다.

그간 도박은 나쁘다고 못 하게만 했을 뿐 왜 도박하면 안 되는지 몰랐던 국민은 도박에 대한 기초상식조차 없이 도박판에서 희생양이 되고 있던 것이었다.

이즈음 필자는 사명감이 더욱 굳어지기 시작했다. 우리나라 국민이 도박에 대한 올바른 이해가 절실히 요구된다는 사실을 느꼈기 때문이었다.

필자는 2009년 12월 광장동 소재 오피스텔을 얻어 '도박문제연구소'를 개소하고 보다 체계적으로 실태 파악에 나섰다.

'도박문제연구소'를 운영하면서 많은 것을 알게 되고 느끼게 되었다. 도박 중독으로 인해 전 재산을 날리고 결국 가정이 파탄나거나 자살에 이르는 비율은, 전체 도박 인구에서 높은 비율을 차지하지는 않지만 도박을 하는 모든 이들이 잠재적 중독자라는 점에서 대단히 눈여겨봐야 할 사항이다.

특히 도박 중독자들을 챙기기 위한 사회적 비용이 만만치 않은 만큼 애초부터 도박 중독에 이르지 않도록 예방 교육을 강화하고 이를 위한 사회적 장치를 마련하는 일이 매우 중요하다고 깨달았다.

그러나 더 중요한 것은 지금까지 도박에 대한 전통적 교육과 인식의 출발점 자체가 잘못되었기에 지금과 같은 도박의 폐해를 불러왔다는 사실이다. 우리나라 국민 대부분은 "도박하면 패가망신한다", "도박은 절대 해서는 안 된다"고 귀에 못이 박이도록 들어왔다. 이는 5,000만 국민이 다 아는 사실이다. 그런데 왜 도박하면 안 되는지, 그 이유와 함께 도박의 메커니즘을 자세하게 설명해주는 시스템이 없었다.

이 책의 서두에서 밝혔지만, 카지노가 우리나라에 유입되는 것은 절대로 막을 수 없다. 그것이 세계적인 추세이기 때문이다.

세계 어느 나라를 막론하고 도박의 폐해를 모르는 국가는 없지만, 카지노는 점차 늘어가고 있으며 우리 아시아의 이웃 나라인 일본, 베트남, 싱가포르 등 국가들에서도 카지노를 개방했거나 준비 중이다.

시기적인 차이만 있을 뿐 가까운 미래에 우리나라도 강원랜드보다 훨씬 규모가 큰 내국인이 출입할 수 있는 카지노가 분명히 들어설 것이다. 무조건 카지노를 막고 도박은 나쁘다는 사실만 외치는 시대는 끝났다. 이제 우리는 카지노를 가까운 거리에 두고 살게 될 것이다.

우리가 어떤 일을 시작하거나 운동을 한다고 하면 그 전에 많은 준비를 해야 한다. 예를 들어 골프를 시작한다고 하자. 그러면 처음부터 고가의 골프채를 구매해 바로 '필드'로 갈 수는 없다. 그랬다가는 골프장에서 쫓겨날 수도 있다.

공을 치는 방법에서부터 골프의 룰이나 매너 등을 배워야 하고 필드에 나가기 전 연습구를 많이 쳐봐야 한다. 필요에 따라서 돈을 내고 프로선수에게 레슨을 받을 수도 있다.

아무리 훌륭한 선수라도 완벽한 게임을 할 수 없다. 그래서 골프는 평생 연습을 해야 하며 끊임없이 배워야 한다. 사람에 따라 정도의 차이는 있겠지만, 아무리 노력해도 골프 실력이 나아지지 않는 경우도 적지 않다. 잘 늘지 않는 실력임에도 사람들은 열심히 연습한다.

그런데 돈을 걸고 하는 도박의 경우 간단한 룰만 알고 겁도 없이 뛰어든다는 것은 얼마나 위험천만한 일인가? 운에 기대어 그냥 돈을 걸었는데 쉽게 돈을 따고 또 쉽게 돈을 잃는다.

우리나라 사람들은 도박에 대해 나쁜 인식만 갖고 있기에 도박하는 사람은 자신이 도박한다는 사실을 비밀로 한다. 여기에 큰 문제가 있다.

도박에 대한 정보나 카지노에 대해 잘 모르는 경우가 대부분이기에 이런 현상이 발생한다.

우리나라 국민은 도박에 대한 기초상식조차 부족하다. 그저 운에 맡겨 도박하고 도박에 관한 정보는 도박장에서 만난 사람들끼리 자신의 경험을 나눠 공유하는 수준이다.

어떤 이들은 자신이 절대 돈을 잃지 않으며 '도박의 달인'인 것처럼 능청을 떠는 사례가 많다. 그런 인간은 절대 신뢰하면 안 된다. 그들은 돈을 잃었지만 그 사실을 절대 말하지 않는다. 왜냐하면 돈 잃은 사실을 말해본들 도박장에서 그 돈을 돌려줄 것도 아니고 누가 그 돈을 줄 것도 아니기 때문이다. 오히려 손가락질 당할 것이 뻔하기에 거짓말로 자신을 위장하는 것이다.

강원랜드에 갔다가 혹시 아는 사람을 만나면 도박하기 위해 온 사실을 숨기고 지나가는 길에 들렀다든지, 골프 치러 왔다든지 하는 뻔한 거짓말로 해명하려 애쓴다. 다른 것은 몰라도 유독 도박에 관련된 것만큼은 천연덕스럽게 거짓말을 늘어놓는다. 아예 거짓말을 준비해 갖고 다니기도 한다.

이러한 현상은 일반 국민이 도박이 무엇인지, 어떻게 해야 즐길 수 있는지, 중독을 피할 수 있는지를 제대로 된 이해가 없어서이다. 이제 도박에 대해 제대로 알아야 한다. 이러한 일에 국가적 차원에서 전방위적인 노력도 시급히 실행되어야 할 것이다.

도박치료와 재활을 돕는 전문가의 자세가
바뀌어야 한다

　도박 중독에 빠지게 되는 여러 가지 이유와 배경이 있겠지만, 가장 근본적인 이유는 아마도 시간이 갈수록 점점 더 각박해지는 우리 사회의 분위기와 밀접한 관련이 있다고 생각한다.

　우리 사회는 언젠가부터 핵가족화하며 가족 간 단절을 겪는 이들이 많아졌다. 특히 개인주의가 팽배하면서 모든 것을 혼자 결행하고 혼자서 판단하는 사례가 늘었다. 최근 코로나 펜데믹 사태까지 겹치면서 가족 간 우애가 약화하는 것은 물론 부모·자식 간의 소통도 어려워지고 있는 상황이다. 1인 가구 수가 급증하고 이로 인해 음주와 도박에 빠지는 사람들도 크게 늘고 있는 형편이다. 또한 고령화가 진행되면서 상대적으로 고독사도 빠르게 증가하고 있다.

　이러한 현상은 곧바로 절도, 강도 등 범죄의 증가와도 관련이 있다. 더불어 정신병이 늘고 있는 현실과도 맞물려 있다. 사회는 급속하게 발전하고 문명의 발달로 삶의 편리성은 증진됐으나 그만큼 인간은 더 외로워졌다.

인간관계의 단절, 각박한 세상과 치열한 경쟁, 성과에 따라 인생의 성패가 매겨지는 사회 분위기 속에서 점차 고립되고 스트레스로 마음의 병을 앓는 현대인들은 폭증하고 있는 것이다.

이러한 배경 속에서 스스로 삶을 지탱하기 어려운 상황에 부닥친 이들이 도박에 손을 대고 이내 도박 중독의 늪에 빠지게 된다. 물론 이렇듯 각박하고 개인주의화 된 사회 분위기만이 도박 중독의 증가를 설명할 수 있는 주요 요인은 아닐 것이다. 그러나 다른 요인들보다 중요하고 반드시 고려해야 할 도박 중독의 요인임은 틀림없다는 게 필자의 견해이다.

도박을 하는 사람들 모두가 도박 중독에 빠지지는 않으나 비상식적 도박 행동이나 정상적이지 않은 일상생활, 대인관계 등을 참작해 볼 때 위에서 언급한 사회 분위기 그리고 더 외롭고 고립감을 느끼는 이들이 도박 중독에 빠지는 경우가 많다는 사실은 부인하기 어렵다.

이들 도박 중독자의 비정상적 도박 행동이나 일상생활, 대인관계 및 돈 관리 등을 세밀히 살펴보면 다음과 같은 행동들이 포착된다.

도박하면서 잃은 돈에 대한 집착이 커 반드시 만회하기 위해 다시 도박하게 되는 악순환이 계속되는 경우, 그때그때의 감정에 따라 혹은 이른바 '촉'에 따라 베팅을 하는 경우, 자신의 자산 규모 한도를 넘어 도박하는 경우 등이 도박 중독으로 갈 수 있는 이상 징후들이다.

또한 일상생활에서 생기는 많은 문제를 정공법으로 해결하지 않고 회피하거나 이를 잊기 위해 도박하는 경우, 생활비를 벌기 위해서 혹은 일확천금을 노리고 도박하는 사례, 직장 업무나 학업 혹은 자신의 사업을 방기하고 도박을 주 업무로 인식하는 경우 등도 도박 중독에 쉽게 빠질 수 있는 성향이다.

더불어 지인들에게 빚을 지거나 신용대출 등으로 자금을 확보해 도박하는 경우, 기본적으로 납부해야 할 공과금, 대출이자, 보험료 등을 내지 않는 경우와 대인관계가 원활하지 않고 연락이 끊기는 경우 등이 모두 도박 중독자들의 초기 증상이기도 하다.

도박 중독 치료와 재활을 돕는 전문가들은 이와 같은 도박 중독자들의 상태와 중독에 빠지는 원인, 개인적 상황 등 모든 요소를 살펴 치료와 재활에 나서야 한다. 무엇보다 중요한 것은 도박 중독자의 마음 상태, 즉 심정을 파악하고 그의 관점에서 모든 사안을 바라보며 애정을 갖고 접근해야 한다.

위에서도 언급했듯 도박 치료의 기본은 도박 중독자의 모든 환경을 세밀하게 조사해 그가 도박에 빠지게 된 과정과 그를 둘러싼 다양한 환경 및 배경을 여러모로 파악해야 한다.

개인적 취향과 성향은 물론 도박을 처음 시작했을 때의 상황, 어릴 적 가정환경과 부모의 성향 및 양육 과정에서의 문제는 없었는지부터 시작해 학창 시절과 교우 관계, 학력 및 심리상태까지 할 수 있는 한 모든 부분을 파악해 치료와 재활에 활용해야 할 것이다.

사실상 이 정도로 치밀하고 완벽하게 도박 중독 치료를 시도하는 것은 말처럼 쉬운 게 아니다. 도박 중독에 대한 폭넓은 지식과 경험, 범국가 차원의 충분한 지원은 물론 치료 및 재활 전문가의 소명 의식도 동반되어야 한다.

도박 중독자를 대할 때 인격적으로 대해야 하며, 그들을 이해하려는 자세가 필요하다. 최대한 존중하고 배려하는 마음으로 늘 소통하는 자세가 중요하다.

그러나 현실은 기대에 충분히 미치지 못하고 있다. 도박 중독 치료와 재활의 경험과 노하우가 부족할 뿐만 아니라 이를 담당하는 관료와 전문가들의 자세도 우려스러운 부분이다.

필자가 '도박문제연구소'를 만들어 활동할 당시 '강원랜드'에는 도박 중독치료센터가 개설되어 운영되고 있었다. 직원을 강원랜드에 보내 도박 중독치료센터에서 운영하는 '도박 중독 치료 프로그램'과 '도박 중독 예방 프로그램'을 체험하도록 했다. 도박 중독 치료와 예방 교육에 대해 무척 큰 관심을 두고 필자 나름대로 준비하고 있었기 때문에 내심 자그마한 기대를 하고 있었다.

그런데 교육을 받고 온 직원들의 말을 듣고 대단히 실망할 수밖에 없었다. 교육의 내용은 '절대 도박하지 마라'는 말을 앵무새처럼 되풀이해 강조하더라는 것이었다. 특별한 프로그램이나 전인적 접근도 없었다. 그냥 도박하지 말라는 말만 되돌이표처럼 반복해 되뇌는 강연이 유일한 프로그램이었던 것이었다.

도저히 이해할 수 없어 강원랜드로 직접 찾아가 도박 중독치료센터장을 만났다. 정신과 의사인 센터장은 센터 운영의 어려움부터 토로하기 시작했다. 강원랜드 측의 지원도 미미하고 도박 중독 치료는 물론 예방 교육도 유명무실한 상황이라는 것이었다.

필자는 치료 교육 및 예방 교육 이수자 명단이 있는지, 이수자 중 현재 도박을 끊은 상태인지 파악이 되냐고 물었다. 하지만 센터장의 대답은 실소를 금하지 못하게 하는 수준이었다. 이수자 명단은 있지만, 연락조차 못 한다는 것이었다.

더욱이 연락하지 못한 이유가 더 어이없었다. 연락을 하게 되면 그들에게 도박을 상기시켜주는 꼴밖에 되지 않으니 아예 연락조차 하지 않는다는 것이었다.

도박 중독 사례를 수집하러 여러 차례 방문했던 경마장에도 도박 중독센터가 운영되고 있었는데, 경마장을 방문할 때마다 직원이 근무하는 걸 보지 못했다. 형식적으로 공간만 만들어놨을 뿐 실질적인 운영이 되고 있지 않은 것이었다. 상황이 이렇다면 정부 차원의 도박 중독 치료와 예방 교육이 어떻게 되는 건지는 더 볼 필요도 없다고 할 수 있다.

현재는 한국도박문제예방치유원으로 명칭이 변경된 한국도박문제관리센터에 방문했을 때 이곳에 근무했던 직원의 수는 약 120여 명이었다. 여기에 강원랜드 도박 중독치료센터를 비롯해 이와 비슷한 종류의 기관 종사자들의 총수는 수백 명이 될 것이다.

그들은 국민의 피와도 같은 세금으로 급여를 받으니만큼 투철한 직업정신이 절실히 요구된다. 현재 국가가 운영하는 합법 도박이라고 할 수 있는 카지노와 경마, 경정, 경륜, 복권 등의 사행산업

매출 가운데 0.05%는 도박 중독자들을 위해 사용하도록 법으로 규정해 놓았다.

공인된 통계상 국내 합법 도박의 매출 규모가 약 25조 원가량 된다고 하면 도박 중독자들에게 쓰여야 할 비용이 약 125억 원 정도에 불과하여 전국적으로 볼 때 턱없이 부족한 실정인 것이다. 우선으로 도박 중독자를 위해 사용할 수 있는 비용을 확충하고 이에 대한 현실적인 비용을 계산해 국민이 실질적으로 도움을 받을 수 있는 수준으로 예산을 편성해야 할 것이다.

전 장에서도 잠깐 언급했지만 엉뚱한 곳에 돈을 쓰지 말고 도박으로 인해 파산하고 중독 치료를 받는 이들에게 재활을 돕는 차원에서 기초생활비 지원을 생각해야 한다. 이는 도박 중독자가 치료 후 안전하게 사회에 복귀할 수 있는 기반을 만들어 주는 것으로, 반드시 필요한 과정이다.

정신과 의사, 심리학 박사, 재활치료사를 비롯해 상담전문가, 관련 공무원 등 도박 중독자의 치료와 재활을 담당하는 이들은 남다른 소명 의식을 갖고 도박 중독자 치료와 예방에 나서야 할 것이다.

도박 예방 교육이 절실한 이유

도박 중독은 당사자에게도, 중독자 가족과 지인에게도 그리고 나아가 우리 사회에도 심각한 피해를 주고 치료 이후에도 많은 후유증을 남기는 악성종양 같은 존재이다. 어쩌면 평생을 관리해야 하는 만성 병증인 동시에 엄청난 비용을 발생시키는 사회악이기도 하다. 경제적 파산이나 가정 파탄 등 개인과 가족 지인들에게만 피해를 주는 것이 아니라 자살, 약물중독, 범죄 등과 연결되며 사회적 비용을 치르는 단계까지 이어지는 것이다.

사행산업통합감독위원회가 2021년 발표한 '2020 사행산업 이용 실태 조사' 자료에 따르면, 도박을 '저위험 도박'과 '중위험 도박', '문제도박' 등 세 단계로 구분한 뒤 우리나라 전체 인구 중 문제가 되는 중위험 도박군 이상을 약 5.4%(중위험 도박 4.3%, 문제도박 1.1%)로 잡고 있다.

이 기준으로 보면 2024년 현재 우리나라 전체 인구수 5,175만여 명 가운데 약 278만 명이 도박 중독자라고 할 수 있다. 물론 이는 현실과 동떨어진 축소된 숫자지만 그래도 엄청난 숫자가 도박 중독이라는 질병으로 신음하고 있는 것이다.

전체 인구의 4.3%를 점하고 있는 중위험 도박자는 도박으로 삶에 현저한 문제를 일으키고 있으며, 도박하는 시간과 돈을 제어하는 데 어려움을 느낀다. 나아가 도박 행동을 가족과 동료, 지인에게 숨기며 경제적 파산 직전까지 가는 경우가 많다.

이보다 더 심각한 문제도박자들은 인구 전체의 1.1%, 약 53만 명으로 도박으로 인해 일상이 파괴되고 심각한 재정적, 정신적 손상을 경험하며 결국 개인 파산이 이뤄지는 경우이다.

한국도박문제예방치유원은 도박 중독 치료에 대해 다양한 치료 방법을 제시하고 있다. 도박 중독 행동을 지속시키는 왜곡된 생각과 행동을 변화시키도록 돕는 인지행동치료를 비롯해 동기 강화 치료, 재정·법률 상담 치료와 가족치료, 12단계 촉진 치료, 대안 치료, 약물 치료, 단도박 자조모임 등이 그것이다.

그러나 이러한 전문적 치료의 이전 단계로 전인적 치료가 선행되어야 하며 이는 도박에 대한 잘못된 이해를 근본적으로 변화시키기 위해 심리적 안정과 자신을 성찰할 수 있는 첫 단계라고 할 수 있다.

예전 한 전자제품 TV 광고에 '순간의 선택이 10년을 좌우한다'라는 카피가 크게 유행한 적이 있었다. 처음 카지노에 가거나 도박을 접할 때 선택이 얼마나 중요한지를, 이 카피에 적용한다면 '순간의 선택이 평생을 좌우한다'라고 말하고 싶다. 그처럼 도박 중독자에게 처음으로 도박할 때의 선택에서 과감히 도박을 멀리했다면, 평생

후회할 일은 없을 것이라는 생각이 든다. 순간의 선택은 그렇게 중요하고도 인생 자체를 바꿀 만큼 영향력이 어마어마하다.

여담이지만, 필자가 중학교 3학년 때의 일화로 예를 들고 싶다. 고등학교 입시를 앞두고 여름방학 때 여러 친구가 모여 경포대로 놀러 가기로 했다. 그런데 경포대에 놀러 가려면 적지 않은 돈이 필요했다. 다른 친구들은 그럭저럭 어렵지 않게 살아 경포대 놀러 가서 사용할 비용을 각출할 때 어려움 없이 낼 수 있었지만, 필자와 한 친구는 집안 형편상 돈을 낼 수 없었다.

그렇다고 어머니께 손을 벌릴 수는 없었다. 어려운 집안 형편에 바캉스 비용을 요구할 수 있는 상황은 아니었다. 더욱이 고등학교 시험을 앞둔 상황이 아닌가. 결국 경포대행을 포기하기로 했다.

그런데 필자처럼 가정형편이 좋지 않은 한 친구가 위험한 제안을 했다. 이웃집의 담을 넘자는 얘기였다. 그 제안을 듣고 깜짝 놀랐다. 아무리 친구들과 경포대에 놀러 가고 싶다고 해도 절도를 하자는 제안이 가당키나 한가.

결국 그 친구의 제안은 실행되지 않았지만, 지금 생각해보면 충분히 감행할 수 있었다고도 생각한다. 하고픈 욕망이 큰 열여섯 살짜리가, 그 짧은 찰나에 판단력이 흐려져 "못할 게 뭐 있겠는가"하고 생각해 담을 넘을 수도 있었을 것이다. 만약 그랬다면, 그 순간부터 필자의 인생은 완전히 달라졌을 것이다.

필자는 사람이 특별히 선하다거나 반대로 특별히 악하거나 하는 경우는 없다고 생각한다. 열여섯 살짜리의 생각이란 것이 거기서 거기이다. 선과 악의 경계는 딱 종이 한 장 차이일 뿐이다. 그 순간 잘못된 선택을 하는 경우 삶의 모습은 완전히 정반대의 길로 나아가게 되어 있다. 그래서 순간의 선택이 매우 중요하다.

그래서 도박에 대한 예방 교육, 도박이 무엇인지 제대로 가르치는 것이 정말 중요하다. 도박 관련 국가 기관들이 도박 중독자 치료와 재활보다 도박 예방 교육에 더 치중해야 이유이다.

도박이 무엇인지 모르고 어려서부터 여러 가지 경로로 도박을 접하는 우리나라의 현실 속에서는 스펀지에 물이 스며들 듯 누구라도 도박 중독에 자연스럽게 빠질 가능성이 커진다.

도박 중독자의 치료와 재활에는 엄청난 돈과 사회적 비용이 든다. 하지만 도박 예방 교육으로 도박 중독을 크게 줄일 수 있다면 이러한 비용과 사회적 손실을 대폭 줄일 수 있다. 예방 교육을 하는 데 소요되는 비용은 치료와 재활에 들어가는 비용에 비교하면 상대적으로 작다는 게 전문가들의 견해다.

예로부터 '동방예의지국(東方禮儀之國)'이라 일컬어지던 우리나라에 예의가 사라져가는 것이 오늘의 현실이다. 아들 결혼 시에, 퇴직해 수입이 없는 부모가 집을 팔아 결혼자금을 마련하는 것을 종종 주위에서 볼 수 있다. 끊임없이 졸라대는 아들을 위해 집을 팔아 결혼자금을 마련해 주고 부모는 작은 전셋집으로 밀려난다. 얼마 지나지 않아 아들은 부모에게 사업자금이 필요하다 요구하며 부모의 전셋집마저 담보로 융자를 받는다.

융자 원금은 물론 매달 이자까지 갚겠다던 아들은 곧 연락조차

안 되고 부모는 눈물을 머금고 전셋집에서 길거리로 내몰린다. 비현실적인 얘기 같지만 실제로 우리 사회에서 벌어지는 일이다.

어린아이들이 초등학교에 가면서부터 스마트폰을 개통해 게임을 한다. 두뇌 발달에 도움이 되기도 하겠지만, 이는 폭력성과 사행성의 문제를 심각한 상태로 악화시키는 주요한 원인이 된다.

서로의 눈을 응시하며 마주 앉아 이뤄지는 대화보다는 각자의 스마트폰을 갖고 서로 단절된 채 게임에 빠져든다. 우리나라 속담에 '세 살 버릇이 여든까지 간다'고 했다.

교육을 담당하는 교사들에게 도박에 대한 기초상식을 익히게 해야 한다. 사행산업통합감독위원회는 우리나라의 합법 사행산업 분야의 사찰이나 감독도 중요하지만, 도박에 관한 보다 깊은 연구를 통해 도박 예방에 더욱 큰 힘을 쏟아야 할 것이다. 도박으로 인한 폐단을 불식시킴으로써 우리나라의 밝은 미래를 열어 나갈 수 있다고 생각한다.

불법 도박의 근절, 도박 중독자의 치료와 재활은 시간과 비용이 엄청나게 소요되는 등 매우 어렵고 힘든 일이다. 이에 비하면 도박 예방은 훨씬 수월하다. 전 국민을 대상으로 좋은 프로그램으로 지속적으로 계도하고 홍보한다면 기대 이상의 충분한 효과를 거둘 수 있다고 판단하기 때문이다.

도박을 하는 올바른 자세

　미국인들 대부분은 적은 돈으로 도박을 즐긴다. 라스베이거스에 갈 때는 멋진 옷을 차려입고 고급 레스토랑의 식사를 즐기고 최고급 쇼를 관람하는 등 일상을 떠나 힐링하는 시간을 갖지만 큰돈을 걸고 도박하는 사람들은 많지 않다.

　아무리 백만장자라 할지라도 많아야 1,000~5,000달러 규모의 돈으로 즐기는 차원에서 도박을 한다. 돈 따는 확률은 적지만, 어쩌다 돈을 따게 되면 집에 돌아와 온 동네 사람들을 불러 모아놓고 파티를 즐기며 라스베이거스에서의 무용담을 늘어놓는 등 재미있게 도박 후일담을 갖는다.

　바로 이것이 도박을 하는 올바른 사례가 될 것이다. 백만장자가 아니더라도 누구든 자신이 운용할 수 있는 여유자금 중 5~10% 정도를 자유롭게 가벼운 마음으로 도박에 사용하는 것은 나쁘지 않다. 돈을 잃더라도 크게 개의치 않고 혹시 돈을 따게 될 경우 그 즐거움을 만끽할 수 있는 마음의 여유는 도박을 하는 데 꼭 필요한 좋은 자세이다.

도박의 판돈은 상대적이라고 할 수 있다. 앞에서 언급했던 것처럼 자신이 운용할 수 있는 돈에서 잃어도 아깝지 않을 만큼의 여유자금의 규모는 백만장자와 일반인이 같을 수 없기 때문이다.

미국의 농구 황제 '마이클 조던'이 은퇴 후 내기골프를 쳤던 일이 뉴스에 실려 화제가 되었다. 그 내기골프에서 조던은 200만 달러, 한화로 25억 원에 가까운 돈을 잃었던 것이다. 하지만 미국인들의 입장에서는 이를 내기 도박으로 보지 않았다. 마이클 조던의 경제적 능력은 200만 달러가 여유자금 수준으로 이는 도박이 될 수 없다고 생각한 것이었다.

사람의 인생은 도박과 많은 관련이 있다. 요행을 바라고 불확실성에 베팅하면 도박이 된다. 최근 주식에 투자해 많은 돈을 잃고 낙심해 한국도박문제예방치유원의 문을 두드리는 사람이 많다고 한다.

기업의 장래와 발전 가능성을 보고 투자를 한다면 그것은 결코 도박이라 말할 수 없다. 하지만 자신이 감당할 수 있는 규모의 돈을 투자해야 하는 것은 투자의 기본철칙이다. 집을 담보로 융자를 얻어 투자한다든지, 증권회사의 돈을 빌려 투자한다면 이는 투자가 아니라 도박에 가까운 행위다.

증권회사나 다른 금융회사의 돈을 임시변통한다고 하더라도 자신이 책임질 수 있다면 상관이 없겠지만, 주식이 오르면 갚을 수 있다는 기대감 아래 갚을 능력이 안 됨에도 투자한다면 이는 도박이 된다.

어떻게 기업의 가치가 매일 오르내릴 수 있단 말인가. 오랫동안 은행 금리가 너무 낮으니 먼 장래를 내다보고 우량 기업에 여유자금을 투자할 수 있는 것이지, 돈을 벌기 위해 주식을 하는 행위는 도박과 다름없다고 생각한다.

당구나 골프 내기 시합도 마찬가지이다. 아무것도 걸지 않고 하면 재미가 없으니 얼마가 됐든 돈을 걸고 시합을 한다. 식구들끼리 고스톱을 칠 때도, 장기나 바둑을 둘 때도 마찬가지다. 모든 게임이나 경기는 돈을 걸고 할 때 재미와 즐거움이 커진다. 한국인들이 열광하는 축구경기를 볼 때도 동일하다. 자신이 응원하는 팀에 돈을 걸고 경기를 관람할 경우 승리했을 때 기쁨은 배가된다. 경마장에서 자신이 건 멋진 말이 육중한 몸으로 갈기를 날리며 결승선을 통과하는 장면은 얼마나 장관인가.

그러나 이런 모든 경기에는 자신이 감당할 수 있는, 지더라도 아깝지 않은 적은 돈을 걸고 즐기며 해야 그 짜릿한 기쁨이 배가되는 것이다.

사업에서도 확실한 가능성을 확인하고 투자해도 성공을 이루기 어려운데 불확실한 사업에 큰돈을 투자한다면, 이는 투자라기보다 도박에 가까운 것이다.

필자는 포커를 하기 위해 카지노에 갈 때는 늘 혼자 다닌다. 로스앤젤레스에 위치한 집에서 라스베이거스까지는 차로 3시간 30분 거리다. 집 근처에도 포커를 할 수 있는 카지노가 몇 개

있지만, 주로 라스베이거스를 이용하는 것이다.

짧게는 2박 3일에서 보통 7일, 그러니까 일주일 정도 그곳에서 머무른다. 그 이상 너무 오래 머물면 집중력을 잃을 수 있기에 일주일 이상 머무르는 일은 거의 없다. 물론 세계대회나 특수한 경우는 예외다. 사람들은 장거리 운전을 하게 되면 심심할 테니 동행하자는 제안을 하는 이도 있지만, 항상 혼자 다닌다.

혼자 다니는 이유는 여러 가지가 있겠지만, 가장 큰 이유는 동행한 사람이 라스베이거스에서 돈을 잃을까 하는 우려 때문이다. 카지노에서 돈을 딸 수 있는 경우는 운이 아주 좋은 경우뿐이다.

20~30대 시절에는 종종 지인들과 어울려 라스베이거스에 갔었지만, 같이 간 사람들이 돈을 잃은 사례가 너무 많아 분위기가 산만해지고 기분이 좋지 않았다. 그 때문에 컨디션 조절조차 어려워져 이후 사람들과 같이 다니는 것을 금기시했다.

물론 예외는 있다. 가까운 지인 중에 알렌 김(Allen Kim)이라는 한국 교포가 있는데 연배는 어리지만, 동생 겸 친구처럼 지내는 30년 지기가 있다. 그와 함께 동네 카지노에 방문한 적이 있다. 몇 시간 게임을 하고 카지노를 나왔는데 알렌은 1,000달러를 갖고 게임을 해 700달러를 잃고 300달러가 남았다.

집으로 돌아가는 길에 알렌을 칭찬했다. 보통 사람들은 알렌처럼 자기 자본의 70%를 잃으면 본전을 되찾으려는 생각에 300달러마저 남기지 않고 게임을 했을 텐데 그는 차분히 300달러를 챙겨 들고 카지노를 나선 것이었다. 그런 그를 보고 내심 알렌이 상당한 내공의 소유자라고 생각되어 기분이 유쾌했다.

　필자는 이런 자세가 도박을 할 때 필요한 바람직한 자세라고 본다. 그와 동행한다면 언제, 어느 때 카지노를 가더라도 편안한 마음으로 게임을 할 수 있다고 생각한다. 서로 시간만 맞으면 그와는 늘 함께 라스베이거스에 가곤 한다.

　돈을 따야 한다는 강박관념 없이 즐기는 마음으로 도박을 할 수 있다면 절대 나쁘지 않다. 자신이 책임질 수 있는 한도 내에서 웃는 얼굴로 즐기는 게임은 삶의 활력소가 될 수도 있다.

　세상이 각박해지면서 혼자 사는 사람이 많다. 명절이나 크리스마스가 되면 의외로 카지노가 넘쳐난다. 식당이나 극장 같은 곳에는 사람에 따라 혼자 가기에 어색할 수도 있겠지만, 카지노는 혼자서도 게임을 즐길 수 있는 환경이다. 스트레스를 풀고 가볍게 즐길 수 있을 정도의 홀가분한 마음으로 게임을 하는 데 시간을 보낸다면 일상을 벗어나 재충전의 기회가 될 수도 있는 것이다.

　카지노 입장에서 보면 고객은 '봉'이다. 자신들에 유리하게 게임을 설정해놓고 고객들을 유혹한다. 화려한 조명과 초호화 대리석으로 치장하고 으리으리한 궁전을 만들어 고객들에게 손짓한다.

　라스베이거스의 일류 호텔들의 객실에 들어가 보면 감탄이 절로 나온다. 값비싼 침대와 가구는 물론 대형 욕조와 화려한 인테리어의 화장실까지 일반인들이 사는 공간과는 비교가 되지 않을 정도로 고급스럽다. 이런 환경이 사람들을 들뜨게 만드는 요소이다. 마치 천국에라도 온 것 같은 착각 속에 빠뜨린다.

로스앤젤레스에서 라스베이거스까지의 거리는 약 250마일(400 km)로 서울에서 부산까지 정도의 거리다. 늦은 오후에 로스앤젤레스에서 출발하면 밤늦게 라스베이거스에 도착할 수 있다. 황량한 사막을 거쳐 한참을 차를 달려가다 보면 어둠이 내리기 시작하는데 라스베이거스 20~30마일 전부터 서서히 하늘이 환하게 밝혀져 옴을 느낄 수 있다. 라스베이거스가 뿜어내는 화려한 조명이 얼마나 휘황찬란한지 밤하늘을 환하게 밝히고 있는 것이다.

그 빛을 보게 될 때부터 사람들의 마음은 설레기 시작한다. 사막 한가운데의 오아시스를 발견한 것처럼 흥분과 환희가 교차하면서 두근거리는 가슴을 부여잡고 라스베이거스로 입성하게 된다. 도로 양편으로 늘어선 최고급 호텔의 화려한 조명이 다시 한번 사람들의 마음을 뒤흔들어 놓는다.

최고급 레스토랑에서 근사한 저녁을 먹고 지상 최대의 쇼도 관람한 후 호텔 매장에서 쇼핑을 마치면 서서히 밤이 깊어간다. 그야말로 꿈결 같은 체험일 것이다.

자, 이제 무엇을 할 것인가! 이제부터가 시작이다. 시간은 자정으로 치닫고 있지만, 결코 잠은 오지 않는다. 자연스럽게 호텔 로비에 자리 잡은 카지노로 발길을 돌릴 수밖에 없지 않을까.

누구라도 쉽게 접근할 수 있도록 카지노 입구는 열려있고, 누구나 쉽게 할 수 있도록 카지노 게임은 설계되어 있다. 게임의 룰은 아주 단순해서 그야말로 왕초보라도 쉽게 이해할 수 있다. 그렇기에 누구든 돈을 쉽게 딸 수 있겠다는 환상에 빠져든다.

슬롯머신은 돈을 넣고 버튼만 누르면 기계가 알아서 작동해 승부를 가린다. 슬롯머신은 아주 영리하게 컴퓨터로 승부를 세팅해 놓은 기계로, 고객에게 일정액의 상금을 주며 유인한다. 그러나 결국에는 시간이 지나면 속된 말로 '다 털리게' 되어 있다.

물론 예외적으로 큰 상금을 받을 수 있는, 소위 '잭팟'이 터질 수도 있다. 그러나 기대는 하지 않는 것이 좋다. 필자는 30여 년 동안 라스베이거스에서 가끔 슬롯머신을 해봤지만 '잭팟'은 구경도 해보지 못했다. 가끔 신문이나 TV 뉴스를 통해 전해 들었을 뿐이다. 잭팟이 터지길 바라는 마음은 로또복권에 당첨되기를 기대하는 것만큼 허망한 일이다.

모든 카지노게임의 룰은 간단한 설명만으로 누구나 체득할 수 있다. 즉 접근성이 매우 높고, 누가 됐든 간에 한 번 빠지게 되면 누구나 밤을 지새우는 것이 이상하지 않다.

자, 상황이 이렇다면 도박을 하는 데 있어 올바른 자세는 무엇일까? 필자는 다음과 같이 말하고 싶다. 라스베이거스에 가서 모든 것을 즐겨라. 단, 카지노게임을 할 때 경각심을 갖고 절대 카지노의 '호구'가 되어서는 안 된다는 점을 명심하라.

정해진 금액을 갖고 게임을 즐기되 충분한 수면을 취해야 한다. 필자는 여행가방에 항상 수면제를 넣고 다닌다. 수면제가 없다면 카지노 업장 내 편의점에서 구매한다. 라스베이거스에 가면 수면 문제는 늘 어려운 난제가 될 경우가 많다.

프로 포커 선수로 살면서 항상 카지노에 들어설 때마다 긴장감에 휩싸인다. 이는 수십 년간 몸에 밴 습관으로, 경계심을 잃지 않고 초인적인 인내심을 갖게 한 자양분이었다. 마치 산속에서 도를 닦는 도인과도 같은 삶이었다.

필자는 프로다. 프로는 돈을 잃으면 프로로서의 생명이 끝나는 것이라고 할 수 있다. 특히 가족의 생계를 위해 목숨을 걸고 싸워야 했다. 태산과 같은 평정심을 갖고 인내하며 주변의 온갖 유혹을 떨쳐내고 냉정함을 유지해야만 한다.

인간의 삶에서 돈이 차지하는 비중은 엄청나다. 삶에서 겪는 고통의 대부분이 돈에서 비롯된다. 인간이 돈을 만들었지만, 인간은 돈의 노예로 살아가고 있는 것이 현실이다. 만약 다시 태어난다면 프로 포커 선수로 살지 않고 싶다. 마치 절벽 위에서 외줄을 타는 심정으로 살아온 인생을 반복하고 싶지 않기 때문이다.

사람들은 '케빈송'이 100만 마일리지가 넘도록 비행기를 타고 전 세계를 돌아다니는 프로 포커 선수로서의 삶에 대해 부러운 눈으로 바라보지만, 실상 '케빈송'은 화려하기는커녕 몸서리쳐지는 고독을 안고 죽느냐, 사느냐의 전쟁터를 헤맸던 것이었다.

라스베이거스 카지노의 모든 직원은 엄청 친절하다. 입구에 서 있는 도어맨에서부터 카지노 딜러, 매니저에 이르기까지 철저한 교육으로 무장되어 있다. 직급이 높을수록 더욱 세련된 매너로 고객을 응대한다. 돈을 잃어 주는 고객에게 융숭한 대접을 하는 것이며, 우리나라 카지노인 강원랜드와는 확연히 다르다.

이런 카지노를 맘껏 즐겨라. 만약 그럴 수 없다면 카지노에 발을 들여서는 안 된다. 카지노에 가서 근사한 음식, 명품이 쌓인 쇼핑몰, 흥겨운 쇼를 즐기며 유쾌한 시간을 보내라. 게임을 하고 싶으면 자신이 소화할 수 있는 한도 내의 돈으로 적당한 선에서 즐겨라. 그러면 돈을 따든, 잃든 간에 당신은 카지노에서 승자가 되는 것이다.

도박을 좋아하는 것은 인간의 본성에서 비롯된다고 봐야한다. 그렇기에 도박을 해야 한다면, 하고 싶다면 도박에 대해 소상히 공부해야 한다. 도박을 가장 합리적으로 할 수 있도록 한 대상이 바로 카지노다. 그렇다면 카지노에 대한 보다 구체적인 지식이 필요하다.

도박을 알고 하는 것과 모르고 하는 것의 차이는 너무나 크다. 카지노를 알고 카지노가 작동하는 메커니즘을 파악하고 도박을 하면 마음속에 저절로 경계심이 생겨난다. 그 경계심이 당신을 보호한 것이다. 이것이 도박을 하는 온바른 자세이다.

청소년 도박의 심각성 그리고 그 해결책

청소년 도박, 절대 미룰 수 없는 시급한 현안이다

오래전 미국에서 한 사건이 신문에 보도된 적이 있다. 13세 소년이 아버지의 신용카드로 도박을 해서 30만 달러를 딴 일이 있었다. 대부분 사람은 그 보도를 그냥 지나가는 단순한 가십거리 기사로 생각했을지 몰라도, 필자는 경악했다. 얼마나 많은 청소년이 도박을 하고 있다는 말인가.

'LA 타임즈'가 보도했던 그 기사가 주는 충격의 메시지는 엄청난 것이었다. 아버지 카드로 몰래 도박한 열세 살짜리 한 소년의 문제가 아니었다. 그 보도의 이면에는 미국 청소년의 도박 실태가 얼마나 심각한지를 알려주는 암시가 존재하는 것이었다.

필자는 그때부터 도박 예방 교육의 필요성을 절감했고 교육의 시점은 빠르면 빠를수록 좋다는 결론을 내리게 되었다. 더불어 그 일을 도모하는 데 여생을 바치는 것이 마지막 소임임을 깨달았다. 어린 학생 때부터 도박이 무엇인지, 어떤 문제가 있는 것인지 정확하게 가르치고 교육하는 것이 우리 사회에서 꼭 필요하다는 생각이다.

'청소년과 도박'. 맑고 순수함을 연상시키는 '청소년'이라는 단어와 불순하고 음흉한 이미지를 떠올리게 하는 '도박'이라는 단어의 낯선 조합은 상상하기 싫지만, 이제 우리 사회에서 더 이상 간과할 수 없는 엄중한 현실의 문제로 자리 잡았다.

주위의 친구나 선후배 혹은 인터넷을 통해 우연히 도박의 세계에 발을 디딘 10대 청소년들은, 성인들의 도박 중독보다 더 위험하고 빠른 속도로 도박 중독에 빠져들고 있다. 특히 청소년은 경제활동을 할 수 없는 세대이다 보니 필연적으로 금전 문제에 부닥칠 수밖에 없다. 도박자금을 구하기 위해 스마트폰으로 초고금리 불법 대출의 유혹에 빠지고, 감당할 수 없는 크기로 빚이 불어날 경우 범죄의 유혹으로 떠밀리고 가정 전체의 고통으로 비화하기도 한다.

언젠가 KBS 9시 뉴스에 강도가 된 한 고등학생의 사연이 소개되어 경악을 금치 못했던 적이 있었다.

그는 당시 고등학교를 갓 졸업하고 재수를 하고 있었는데 고등학생 시절 우연히 접한 인터넷 도박으로 돈을 잃은 후 길가의 전봇대에 붙어있는 광고문을 보게 되었다. 그 광고문에는 스마트폰만 있으면 누구에게든 따지지 않고 100만 원을 대출해 준다는 문구가 쓰여 있었다.

그 학생은 당장 100만 원을 대출받아 다시 인터넷 도박을 했고 고스란히 그 돈을 탕진했다. 돈을 갚기 위해 그 학생은 편의점을 비롯해 여러 곳에서 다양한 아르바이트를 했지만, 기하급수적으로 늘어나는 이자를 감당하지 못해 결국 남의 돈을 빼앗는 강도가 되었다는 사연이었다.

세상이 아주 빠르게 변화하면서 인터넷의 등장으로 나이 어린 청소년들에게 아무런 제한 없이 돈을 빌려주고 온라인으로 도박을 할 수 있는 공간이 생기면서 무수한 청소년들이 도박에 빠지는 시대가 되었다.

자식이 컴퓨터 앞에 앉아 도박에 빠져 있는데도 부모는 그저 열심히 공부하고 있겠거니 하고 생각한다면 그야말로 낭패가 아닐 수 없다. 부모도, 학교도 그 누구도 도박이 뭔지, 도박에 빠지면 얼마나 위험한지를 알려주지 않았으니 학생들이 호기심으로 혹은 주위의 권유로 쉽게 도박에 빠질 수밖에 없는 게 현실이다. 그저 막연히 도박은 나쁘니 하면 안 된다고만 했지 왜 도박하면 안 되는지를 설명해주지 않은 것이다.

손바닥 안으로 들어온 작은 스마트폰 화면이 점점 선명해지고 커지면서 이제는 집에서 컴퓨터 앞에 앉지 않아도, 언제 어느 장소든 마음만 먹으면 스마트폰으로 도박을 할 수 있는 세상이 됐다.

하다못해 지하철 안에서도 언제 어디서나 어린 청소년들이 도박을 할 수 있게 된 이 현실을 우리 국민은 과연 어떻게 대처해야 할까.

한국청소년상담복지개발원의 청소년상담복지센터를 내방해 상담을 받은 한 고등학생의 증언은 어른들을 경악게 할만한 수준이다.

그의 증언에 따르면, 일반적으로 청소년 도박 중독은 '미니 게임' 형태의 온라인 불법 도박으로 시작된다. 처음 온라인 도박을 시작하게 되면 절반 정도는 쉽게 소량의 돈을 딸 수 있는 구조다. 도박으로 돈을 따본 청소년은 더 깊게 도박에 빠진다. 몇 년 전까지만 해도 도박사이트가 별로 없었는데 지금은 누구나 쉽게 접속할 정도로 사이트가 많아졌다는 게 그의 증언이다. 게임 종목도 다양화해 이전과 비교할 수 없을 정도로 많다.

이들 청소년은 처음에는 재미나 장난으로 시작했다가 어느 순간 돈을 걸게 되고 금액도 점점 커지는 과정을 답습한다. 부모나 교사는 그들이 무엇을 하는지 알 길이 전혀 없다. 단지 스마트폰을 너무 많이 해 게임중독에 빠진 것이라고 생각할 뿐이다.

그러나 스마트폰을 중심으로 이뤄지는 학교 안에서의 도박은 심각할 정도로 널리 퍼져있는 것이 현실이다. 2019년 즈음을 기점으로 미니 게임이 10대들 사이에 확산하면서 일부 청소년들 사이에 하나의 '놀이문화'로 자리 잡았다.

국가에서 규제하는 경마나 카지노 등 제도권 도박에는 청소년들이 접근할 수 없으니 청소년들이 도박 세계에 발을 담그는 루트는 또래들이 공유하는 온라인 커뮤니티이다. 즉, SNS의 오픈 채팅방을 통해 링크를 전달받으면 인터넷 사이트 주소와 가입 코드 등 가입 절차를 알 수 있다.

물론 성인 인증을 할 필요도 없다. 이렇게 불법 사이트에 접속해 가입을 하게 되면 가입과 동시에 사이트에서 가상계좌를 만들어 주고 계좌를 통해 판돈이 오가는 구조다.

이러한 문제를 근본적으로 해결할 수 있는 길은 도박 예방 교육밖에 없다. 학교는 물론이고 부모를 비롯해 우리 국민 모두는 도박에 대해 그저 나쁜 것이라는 사실 외에, 도박은 돈을 잃고 패가망신하는 행위라는 것 외에 더는 기초상식이 없다.

국가 차원에서 대책 마련을 해야 한다. 언론의 역할도 중요하다. 어쩌다 한 번씩 도박으로 전 재산을 탕진해 가정 파탄이 난 사례를 보도하는 것만으로는 안 된다. 전문적인 도박 TV 채널을 만들어 24시간 도박에 대한 올바른 이해를 돕고 지속적, 반복적으로 일깨워 주는 게 필요하다.

국가 차원에서 도박 근절을 위해 사행산업통합감독위원회를 만들고 도박문제예방치유원을 운영하는 등의 노력을 기울여왔지만 불법 도박이 근절되기는커녕 별다른 효과가 없이 점점 더 비대해지는 것이 현실이다.

지난 2022년 6월 16일, 국회 행정안전위원회 소속 국민의힘 김도읍 의원이 건강보험심사평가원으로부터 제출받은 '청소년 도박 중독 진료현황'에 따르면, 2017년부터 2021년까지 도박 중독으로 병원 진료를 받은 청소년은 모두 7,063명에 이른다.

연도별로 살펴보면, 2017년 837명에서 2018년 1,032명, 2019년 1,328명, 2020년 1,597명으로 꾸준히 증가하다 코로나가 기승을 부린 2021년은 2,269명으로 폭발적으로 늘었다.

청소년들의 도박 범죄도 증가하는 추세다. 지난 2017년부터 2022년 6월까지 경찰청이 집계한 범죄소년 중 불법 도박으로 검거된 청소년은 모두 268명에 달했다.

모든 연령대의 도박 문제 해결이 시급하지만, 무엇보다도 청소년 도박 문제에 대한 대책을 시급히 마련하고 실행해야 한다는 목소리가 높은 이유다.

특히 도박에 빠져드는 연령이 낮아지는 추세라는 점이 더 심각하다. 한국도박문제예방치유원에 따르면 청소년 도박 대상자의 평균 연령은 2017년 18.2세에서 매년 꾸준히 하락해 2022년 7월 기준 17.6세까지 낮아졌다.

앞에서 언급했던 것처럼 온라인 도박 사이트의 경우 가입 절차가 아주 용이하고 주민등록번호 입력 등 별도의 성인 인증 과정이 없어 스마트폰을 통해 도박에 쉽게 접근할 수 있다.

상황이 이런데도 교육부나 정부의 관련 부처에서는 청소년 도박 예방을 위한 별도의 예산이나 사업이 전무한 상태이고 설상가상으로 청소년 온라인 도박 및 중독 관련 조사는 한 차례도 이뤄지지 않아 실제 청소년 도박의 심각성이 어느 정도인지 전혀 판단할 수 없는 형편이다.

사감위나 도박문제예방치유원이 조사한 청소년 도박 실태에 관한 자료도 작금의 현실과는 너무나 큰 차이를 보이고 있는 등 관련 공공기관조차도 청소년 도박의 문제를 제대로 파악하지 못하고 있는 게 사실이다.

이제 국가가 나서서 도박에 대한 인식과 이해를 넓히고, 도박의 위험성에 대한 올바른 교육을 시행해야 한다. 도박을 질병으로만 치부한 나머지 정신과 의사나 심리학 박사만으로 도박 문제를

풀어나갈 수 없다는 사실을 깨달아야 한다. 도박이라는 실체에
대해 낱낱이 파헤치고 연구하는 기관이 필요하다.

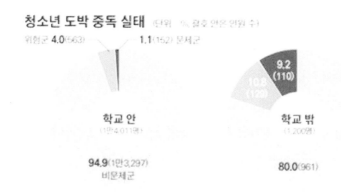

청소년 도박 중독 실태

도박문제예방치유원 자료

그래서 전문적 지식을 갖춘 전문가가 중학교부터 고등학교, 대학교
에 이르기까지 도박 예방 교육에 전력을 다해야 할 것이다.

청소년 도박 중독 실태에 대한 도박문제예방치유원의 이 도표는
경악을 금할 수 없다. 전문가의 입장에서 볼 때 이보다도 훨씬
심각한데 이 통계 수치가 어디에 근거를 둔 것인지 안타깝기 짝이
없다. 인터넷의 확산으로 우리나라 청소년들이 심각한 수준에 와
있는데 정부는 너무 안일한 자세로 대응하고 있지 않은가.

청소년 도박 문제의 위험성

청소년 온라인 도박은 그 자체로도 커다란 사회문제이지만 도박 중독자를 중심으로 범죄로 이어질 가능성이 클 수밖에 없다는 점에서 심각하다고 할 수 있다. 청소년 도박을 도박 자체의 문제로 봐서는 안 되는 이유가 바로 거기에 있는 것이다.

특히 경제활동을 할 수 없는 세대이고 고정 수익이 없어 신용조차 없는 청소년들은 성인 도박 중독자보다 상대적으로 금전적인 부분이 더 취약할 수밖에 없다. 충동적인 도박을 결행함으로 인해 불어난 빚을 감당하지 못하고 어쩔 수 없이 울며 겨자 먹기로 고금리 불법 대출에 손을 대는 청소년들의 수가 많은 것이 현실이다.

상황이 이렇다 보니 중고 거래 허위매물 사기를 비롯해 부모 재산의 절취, 일명 '빵셔틀'이라고 불리는 학교폭력과의 연계는 물론 심지어 절도, 강도 등 중범죄로 나아가는 경향도 크다.

청소년 도박 중독은 성인들의 도박 중독보다 더 빠져들기 쉽고 청소년 특유의 '또래문화'적 특성으로 인해 불법이라는 인식도 희박해 그 심각성이 매우 높은 것이 사실이다. 우스갯소리로 요즘 청소년들 사이에서는 '친구 따라 강남 간다'가 아니라 '친구 따라 도박한다'는 말이 더 유행일 정도이다.

국내 한 유명 대학교 연구진의 연구에 의하면 도박을 시작하는 나이가 어릴수록 도박 중독자가 될 확률이 높다고 한다. 국내에서 병적인 도박 문제를 가지고 있는 성인 도박자의 32%가 15세 이전에 시작한 것으로 보고된 바도 있다.

청소년기는 기성세대보다 충동성이 높고 자기 통제력과 판단력이 떨어지기 때문에 도박에 노출되면 중독으로 이어질 가능성이 더 크다고 할 수 있다. 도박이 주는 직접적인 쾌감 외에 입시 경쟁에서 비롯되는 현실도피 욕구, 모험심, 물질적 욕망, 변화에 대한 갈망 등 다양한 욕구들을 채워줄 수 있는 매개체로 작용하기도 한다.

청소년 도박 중독자 치료는 성인 도박 중독자 치료보다 배는 힘들다는 것이 전문가들의 견해다. 도박 중독에 대한 인식이 낮고 도박 치료에 대한 의지가 약하기 때문이다.

이처럼 성인 도박 중독보다 더 심각하고 위험한 청소년 도박 중독을 막기 위해서는 청소년들에게 도박이 무엇이고 왜 위험한지, 그래서 도박 자체에 접근하지 못하도록 하는 예방 교육이 절실히 필요하다.

일반인들을 대상으로 한 도박 예방 교육도 미흡하지만 청소년 도박과 관련하여 학교와 가정에서 이뤄지는 도박 예방 교육은 더욱 형편없다는 게 사실이기 때문이다.

2019년부터 2021년까지 3년간 한국도박문제관리센터에 방문해 도박 관련 상담을 받은 것으로 보고된 청소년은 4,000명에 불과하다. 센터에 방문하지 않은 청소년이 더 많은 것을 감안할 때 실제 청소년 도박 비율 규모는 훨씬 클 것이다.

청소년의 도박 중독이 곧바로 학교폭력과 절도 등 2차 범죄로 이어지며 심각한 사회문제화 될 것이기 때문에 이들에 대한 도박 예방 교육은 국가 주도 하에 체계적으로 철저히 이뤄져야 할 것이다. 필자는 도박 중독 예방 교육을 해야 할 시점은 어리면 어릴수록 더 좋다고 생각한다. 구체적으로는 초등학교 시절부터, 늦어도 중학교 시절부터는 예방 교육을 해야 한다.

도박이 왜 무섭고 중독이 되면 어떤지 자세하게 가르쳐야 한다. 당뇨가 심각해지면 합병증으로 인해 신체를 절단해야 하듯 도박 중독이 심각해지면 몸과 마음이 황폐해지고 썩어 버린다. 무엇보다 도박은 일부 사람들에게 나타나는 특별한 병증이 아니라 인간 본성에서 나오는 일반적인 현상이기에 누구나 도박에 빠질 수 있다는 점을 강조해야 한다고 본다.

어려서부터 마작을 비롯한 각종 도박을 하며 자라나는 중국인들은 흔히 '월요일부터 금요일까지 열심히 일하는 이유는 주말에 도박하기 위해서다'라고 기가 막힌 말을 하곤 한다. 도박이 인간 본성에 따른 행위임을 단도직입적으로 보여주는 사례일 것이다.

그렇기에 '무조건 도박하면 안 된다'라고 가르치기보다는, 도박을 피치 못할 경우가 누구에게나 반드시 생기며 그럴 때를 대비해 도박 중독에 빠지지 않도록 도박의 위험성과 중독에 빠지지 않는 방법을 가르치는 게 더 효율적일 것이다.

'도박이 나쁘다', '도박하면 절대 안 된다'라는 구태의연한 방식으로 도박 예방 교육이 이뤄지는 현실이 도박 중독자를 양산하고 있다. 30년 이상 포커 세계에서 살아남으며 필자가 느꼈던 고뇌와 어려움, 동질감 등을 중독자와 함께 나누고 그들의 마음을 이해하면서 치료에 성공했던 경험에 비추어, 도박에 빠진 사람과 심적으로 교류하면서 생생한 사례를 통해 도박의 위험성을 알리는 산 교육만이 예방 효과를 거두는 참교육이 될 것으로 판단한다.

도박 중독 예방 교육이야말로 정부와 우리 세대가 꼭 해야 할 과제이다. 개인적으로 필자는 프로 포커 선수로서 전 세계 카지노를 다니며 얻은 체험을 바탕으로 도박의 실체와 문제점에 대해 생생한 교육을 한다면, 도박 중독 예방에 많은 도움이 될 것이라고 믿으며 이 같은 목표를 위해 남은 삶을 바치겠다는 꿈을 갖고 있다.

도박 중독의 위험성과 도박 폐해의 실제 사례

도박에 빠지면 나타나는 현상들

도박은 여가활동, 놀이 등과 같이 인간의 자극 추구의 욕구를 충족하는 것으로 심리적 보상효과가 높은 행위다. 그렇기에 그 어떤 행위보다도 집착 가능성이 크고 강하다. 그러다 보니 중독성이 클 뿐만 아니라 중독 후에는 치료도 어렵다.

도박 중독은 우리나라뿐만 아니라 전 세계 어느 나라이든 심각한 사회적 문제로 떠오르고 있으며 이에 대한 실태 파악과 치료에 많은 나라가 엄청난 비용을 쏟아붓는 동시에 국민이 도박에 빠지지 않도록 일깨우는 등 도박 중독 예방에 최선을 다하고 있기도 하다.

여러 종류의 도박 중독 가운데 가장 심각한 것은 카지노 도박 중독이라고 할 수 있다. 그 이유는 높은 환급률 때문이다. 즉, 50%의 환급률을 지닌 복권보다 90% 이상의 환급률을 보이는 카지노가 상대적으로 돈을 따는 경험을 하기가 쉽다는 말이다. 더욱이 카지노는 집중력을 갖고 장시간 게임을 할 수 있는 구조로 되어 있으므로 그만큼 중독성도 클 수밖에 없다. 처음에는 도박을 즐기다가 곧 탐닉하게 되고 결국에는 중독에 빠지는 사람들에게는 다음과 같은 특징들이 나타난다.

우선 도박 중독의 가능성이 큰 부류는 도박으로 큰돈을 벌겠다는 마음을 가진 유형이다. 도박을 단순한 유희나 휴식 정도로 여기지 않고 돈을 버는 수단으로 생각한다면 심각하게 고민해야 한다. 이런 부류의 사람들이 도박 중독에 빠질 가능성이 크기 때문이다.

또한 돈을 잃었을 때 손실에 대한 만회를 생각하고 거기에 집착하거나 다음번 도박에 대해 치밀하게 계획하는 부류도 도박 중독을 조심해야 한다. 위에서 여러 차례 언급했듯 도박은 장기적으로 했을 때 절대로 이길 수 없는 게임이다.

도박을 그만두거나 통제하려고 시도한 적이 있고 나름 노력했지만 실패한 경우, 도박하지 못하면 불안하거나 초조하며 신경질적으로 변하는 경우, 우울한 기분 혹은 현실에서 회피하기 위해 도박하는 경우도 도박 중독의 위험성이 크다고 할 수 있다. 도박의 금단 증상이 나타난다는 것은 그만큼 도박에 길들여지고 도박의 위험에 무감각해졌다는 방증일 것이다.

이 외에도 돈을 잃은 후에는 잃은 돈을 만회하기 위해 더 많은 돈을 건다거나 도박으로 인해 중요한 대인관계, 직업이나 교육 기회 등을 놓치는 경우 등도 도박 중독을 의심해 볼 수 있는 '빨간불'이라 할 수 있다.

앞에서도 강조해왔듯, 우리나라 5,000만 국민은 누구라도 도박에서 자유로울 수 없다. 누구든 언제라도 도박은 한순간 쉽게 빠질 수 있고 배우자 또는 자녀, 친족이나 가까운 지인 중에 도박하는 이가 있을 수 있기 때문이다. 내 부모와 자녀, 친지가 도박하는데 정작 나만 모르는 것은 도박한다는 사실을 철저히 숨기기 때문이다.

우리나라에서 도박하는 사람들은 자신이 도박에 빠져 있다는 사실을 절대로 남에게 이야기하지 않는다. 국민 정서가 도박에 대해 부정적이기 때문이고 도박하는 사람들이 대중들로부터 손가락질당한다는 사실을 너무나 잘 알고 있다.

그 때문에 도박으로 인해 경제적 어려움에 빠지거나 삶이 피폐해져도 도박한다는 사실을 주위 사람들이 절대 알 수 없도록 숨기며, 도박에 관해 이야기할 때도 자신이 도박에 깊숙이 빠져 있다는 사실을 스스로 외면한다. 더욱이 도박하다 주위 지인들에게 발각이 되어도 자신은 그저 가벼운 오락 수준의 게임을 즐긴다고 거짓말을 한다.

필자가 외국의 포커대회에 참가했을 때의 일화다. 비행기 안에서 옆에 앉은 50대 초반의 한 남성과 대화를 나누게 되었다. 외국계 기업의 마케팅 책임자인 그는 해외 출장이 잦다 보니 항공사 여승무원을 만나 결혼했다고 한다.

그는 능력도 있어서 잘 나가는 외국계 기업에서도 승진 가도를 달렸고 자신이 마케팅한 제품이 날개 돋친 듯 팔려나가 엄청나게 큰돈을 벌었다고 했다.

그런데 조금 이상했다. 프로 포커 선수로서의 촉 때문일까? 돈이 많고 자수성가한 사람들에게는 여유로운 모습과 더불어 중후한 분위기가 자연스럽게 흘러나오는 게 보통인데, 그에게서는 이상하게도 초조함과 더불어 뭔가 쫓기는 듯한 인상을 받았다. 더욱이 그의 몸은 쇠꼬챙이처럼 비쩍 말라 있었다.

필자가 조심스럽게 물었다. "혹시 무슨 걱정거리나 좋지 않은 일이 있냐?"고. 그러자 그가 조심스레 꺼낸 것은 경악할 만한 내용의 이야기였다. 전 세계 여러 나라로 해외 출장이 잦다 보니 카지노를 접할 기회가 많았고 한번 두번 카지노 출입을 하게 되었단다. 그게 시작이었다. 그는 해외에 나갈 때마다 카지노를 출입했고 도박에 빠져들기 시작했다.

그가 좋아했고 자주 했던 게임은 슬롯머신이었다. 슬롯머신은 자동화된 기계를 이용하는 도박으로, 게임 방법이 매우 단순하고 쉬우며 타인의 간섭없이 오락실 게임을 하듯 편하게 즐길 수 있는 점이 장점인 게임이다. 또한 여러 대의 기계에서 적립된 금액이 당첨자에게 일시에 지급되는, 이른바 '잭팟'이 있어서 테이블 게임에는 없는 대박을 노릴 수도 있는 도박이다.

그는 슬롯머신에 빠진 자신이 그동안 카지노에서 잃은 돈이 자그마치 100억 원에 달한다고 고백했다. 그의 말을 듣는 순간 필자는 두 귀를 의심했다. 도저히 상상이 가지 않는 금액이었다. 그러나 이후에 그가 드나들었다는 카지노 중 필자가 잘 아는 한 카지노 직원에게 그의 기록을 컴퓨터로 조회 확인한 결과 그 카지노에서만 슬롯 머신으로 30억 원을 날렸다는 사실을 확인할 수 있었다.

특히 그가 자주 갔던 마카오의 카지노에서는 더 많은 돈을 날리게 되자 필리핀으로 도박하러 다닌다는 게 그가 덧붙인 말이었다.

오랜 기간 카지노를 출입하고 도박을 접한 필자로서는 경험해보지 못한 역대급의 도박사였던 셈이었다.

왜냐하면 바카라도, 블랙잭도 아니고 어떻게 머신, 즉 기계에 수십억 원을 넣을 수 있을까. 도저히 이해할 수 없었고 필자로서는 처음 경험하는 기막힌 일이었다. "말도 안 된다"고 혀를 찬 뒤 이유를 물었더니 "슬롯머신을 할 때는 모든 상념이 잊혀 중단할 수가 없었다"는 대답에 정말 어이가 없었다.

그런데 더 놀라운 사실이 그의 입에서 흘러나왔다. 비행기 승무원과 결혼한 그는 결혼한 지 20년이 되었고 16살짜리 딸이 하나 있었는데 아내와 딸은 그가 도박하는 사실을 전혀 모른다는 것이었다. 아내에게는 생활비만 주니 밖으로만 도는 남편이 도박으로 100억 원을 날렸다는 걸 알 수가 없을 수도 있겠다.

그러나 그가 얼마나 철저하게 숨기고 철벽같이 위장했으면, 20년 결혼생활 동안 엄청나게 큰돈을 도박장에 갖다 바쳤는데도 전혀 알아차리지 못했을까.

그는 한창 돈을 많이 벌 때, 지금은 약 80억여 원을 호가하는 압구정동의 아파트를 재테크 차원으로 세 채나 사들였단다. 그중 한 채는 어머니 명의로 드리고 두 채를 갖고 있었는데 보유하던 두 채는 이미 도박자금으로 날린 상태라고 했다. 그 한 채 남은 아파트도 팔아 도박하려고 했는데, 그가 도박에 빠져 있다는 사실을 눈치챈 어머니의 극구 반대로 아파트 한 채는 아직 건재하다고 했다. 그 사실도 아내는 전혀 모르고 있다고 그는 고백했다.

도박에 빠진다는 것은 이처럼 위험하다. 도박만 하지 않았으면 그는 주위의 부러움을 사는 성공한 인생으로 남았을 것이다. 아름다운 아내, 어여쁜 딸과 행복한 가정을 이뤄 남부럽지 않게 살았을 것이고 친구나 동료들에게 인정받는 훌륭한 사회인으로서 빛나는 삶을 누릴 수 있었을 것이다.

그러나 도박으로 큰돈을 잃고 그로 인해 마음의 고뇌와 걱정으로 비쩍 마른 몸으로 생활비가 없어 돈을 구하러 다니는 그의 모습에서 도박사의 비정한 말로를 보는 것 같아 씁쓸한 뒷맛이 느껴졌다. 이와 같은 사례는 이제 없어야 한다. 그러기 위해 주변에서 도박에 빠진 사람을 조금이라도 빨리 찾아내고 그들을 음습한 음지에서 건져내야 할 것이다.

도박에 빠진 이들에게 나타나는 가장 두드러진 현상은 평소의 행동과 다른 모습을 보인다는 사실이다. 일단 돈 씀씀이가 전과 달라진다는 점이다. 똑같은 직장 생활에 크게 돈이 들어갈 데가 없음에도 늘 생활이 쪼들리고 허덕이며 사는 모습이 눈에 띄면 일단 도박 중독을 의심해 볼 수 있다.

씀씀이가 달라진 사실에서 더 나아가 주위에 돈을 빌리면 도박을 하고 있지 않은가 의심해봐야 한다. 도박하는 이들은 자신이 도박하는 사실을 숨기기 때문에 갖은 거짓말로 핑계를 대며 돈을 빌리게 된다. 앞의 거짓말을 합리화하기 위해 또 다른 거짓말을 계속할 수밖에 없다. 거짓말도 상대방이 아무런 의심 없이 속을 만큼 그럴듯하게, 아주 교묘히 해서 돈을 빌려주지 않을 수 없게 만든다.

아무리 가까운 가족이나 친구라고 하더라도 그 거짓말에 속아 돈을 꿔주더라도 돈을 빌린 목적을 반드시 확인해야 할 필요가 있다. 특히 돈을 갚기로 한 약속된 날짜에 갚지 않는다거나, 추가로 돈을 빌리는 경우는 도박에 빠져 있다는 의심을 필히 해야 한다.

필자에게도 그런 경험이 있다. 어느 날 모르는 번호로 국제전화가 왔다. '피싱' 등 범죄 우려가 있어 받지 않으려다가 여러 차례 전화기가 울려 할 수 없이 받게 되었다. 잘 아는 지인에게서 온 전화였다. 아내와 딸 등 가족과 함께 타국에서 여행 중인데 지갑과 소지품 등을 도난당해 큰일이 났다는 것이었다. 그래서 도움을 청하려 연락해 온 것이었다.

걱정이 되어 지인의 사연을 신중히 청취했다. 그는 전화기도 잃어버리고 해서 마침 인근의 한국 식당에 와서 주인에게 양해를 구하고 필자에게 전화한 것이라고 했다. 그래서 당장 문제를 해결하려면 돈이 필요해 나중에 갚을 테니 500만 원만 빌려달라고 요청한 뒤 그 식당 주인의 계좌를 보내왔다. 필자는 반신반의하면서도 사정이 딱한 것 같아 보내온 계좌에 500만 원을 송금했다. 여러 가지 점에서 이상했지만, 워낙 가까운 사람이어서 일단 돈을 보냈다.

나중에 안 사실이지만 모두 거짓이었다. 도박자금이 필요해서 그런 식으로 지인들에게 자금을 빌려 도박했던 것이었다. 결국 그는 모든 사람과 연락을 끊고 잠적했고, 그의 상황을 주의 깊게 관찰하지 못한 필자와 같은 사람은 사람과 돈을 모두 잃어버리는 결과만 낳았다. 참으로 쓸쓸한 경험이 아닐 수 없다.

그렇다고 도박 중독 의심자를 몰아세우거나 돈을 빨리 갚으라고 독촉하는 행위는 금물이다. "너 도박하지?"하고 단도직입적으로 던지면 그들은 펄쩍 뛴다. "사람을 어떻게 보느냐"며 오히려 적반하장으로 섭섭함을 토로하기도 한다. 일단 그가 도박하고 있다는 사실을 증명할 수 있는 단서를 확보해야 한다. 그의 사생활을 감독해 확실한 증거를 잡아야 하는 것이다.

다시 한번 강조하지만, 우리는 모두 도박에서 절대 자유로울 수 없다. 지금 당장 내 배우자, 내 가족에게 세심한 관심으로 그들을 살펴야 한다. 같은 공간에서 살지 않더라도 어디서 무엇을 하고 사는지 깊은 관심을 두고 지켜봐야 한다. 내 아들과 딸이 사는 곳도 모르고 사는 부모가 엄연히 존재하는 현실은 실소를 금할 수 없다. 어느 직장에 다니고 있는지, 무슨 일을 하고 사는지도 모른다면 진정한 가족이라고 할 수 있겠는가?

기술과 문명이 발달하고 그로 인해 우리의 삶은 편리해졌지만, 그와 정비례하게 인간관계는 각박해져 가는 것이 오늘날 현실이다. 인구는 늘지 않는데 하루가 다르게 고층아파트가 우리의 도시에 빼곡히 들어차 있다. 1인 가구가 늘어나고 아들과 딸이 혼자 살면서 부모가 집에 오는 것을 꺼리는 세태를 어찌해야 할까? 여하튼 내 가족이 도박으로 인한 피해가 생기지 않도록 세심한 배려가 필요한 시대가 되었다.

다음의 내용은 도박에 빠졌을 때 나타나는 현상들을 간략하게 요약한다. 만약 내 가족이 이 가운데 한 가지 이상 해당한다면 그가 도박에 빠지지 않았는지 세심하게 살펴봐야 할 것이다.

먼저 돈이 필요한 일이 점점 많아진다는 사실이다. 도박에 빠지게 되면 무엇보다 돈이 절실하게 필요하다. 또한 평소와 달리 자주 밤을 지새운다. 해외 출장이 많아지고 피로감을 호소하는 일이 늘어난다는 것도 주의 깊게 살펴야 할 점이다.

컴퓨터 앞에서 오랜 시간을 보내고, 자신의 스케줄에 대한 거짓말이 많아진다. 이전보다 말수가 적어지며 우울해하거나 혼자 있기를 원한다. 수입이 적어져 가정생활에 필요한 공과금 등의 납부가 미뤄지기도 한다.

가족 모르게 주위 사람에게 돈을 빌리고 자주 짜증을 내거나 신경질적인 반응을 보이며 집보다는 외부에서 지내는 시간이 많아지는 현상도 나타난다. 이러한 현상이 갑자기 나타나고 빈번해진다면 도박에 빠지지 않았는지 의심해봐야 한다.

다음에 소개하는 일화들은 필자가 전해 듣거나 직접 경험한 사례로 도박에 빠져 인생을 망친 사람들의 이야기다. 도박으로 어그러진 삶이 되는 예는 도박을 처음 접한 아마추어나 오랜 시간 도박판에서 이골이 난 프로도박사나 할 것 없이 모두 똑같다. 오래 도박했다고 해서 나을 것이 없다는 얘기다.

부디 다음의 사례를 잘 숙지해서 스스로 삶을 위험한 구렁텅이에 빠뜨리지 말고 도박을 잠시 가볍게 즐기는 오락이나 놀이쯤으로 대할 수 있으면 좋겠다.

10만 달러를 갖고 하루를 버티지 못한 프로 포커 선수

포커의 세계는 당연히 일반인들은 물론이고 프로 포커 선수에게도 냉혹하리만치 비정한 곳이다. 포커 경력이 아무리 많고 실력이 뛰어난 관록의 선수라 할지라도 늘 승부를 유리하게 가져가는 것도 아니고 심지어 돌이킬 수 없을 만큼 데미지를 입는 경우도 허다하다. 아래에 소개하는 프로 포커 선수의 사례가 바로 그런 경우에 해당한다.

라스베이거스에 위치한 리오 카지노에서 세계포커대회가 열리기 하루 전날, 필자는 일찌감치 카지노에 도착해 여장을 풀었다. 거의 두 달간의 빡빡한 일정을 소화하기 위한 3개월 이상의 체력 단련과 정신 무장은 이미 필자의 '루틴'이었고, 당시 대회 출전 전에 그에 버금가는 준비과정을 거쳐 라스베이거스에 입성한 상태였다.

잠시 숙소에서 숨을 돌린 뒤 샤워를 마치고 가벼운 마음으로 포커대회가 열리는 카지노를 돌아보고 있었다. 휘황찬란한 샹들리에와 각종 게임 시설들이 들어찬 카지노 룸에 들어섰을 때 반가운 얼굴을 만났다. 프랑스 파리에서 열린 세계포커대회에 참석했을 때 처음 만나 안면을 텄던 프랑스 포커 선수였다.

몇 년 만의 조우(遭遇)여서 우리는 반갑게 인사를 나눴다. 프랑스 대회에 참가했을 때 그에게 식사 대접과 프랑스 관광 등 신세를 졌었기에 고마운 마음에 그에게 저녁을 대접했다.

대회 참석을 위해 라스베이거스에 올 때 그는 리오 카지노에 10만 달러를 송금했으며 여러 용도로 쓰일 쌈짓돈으로 3만 달러를 챙겨 미국에 왔다고 했다. 세계포커대회 참가금이 매우 비싸 보통의 경우 그 정도의 자금은 필요한 상황이었다.

저녁 식사를 마치고 우리는 대회에서의 서로의 행운을 외치며 헤어졌다. 다음날 정오면 세계포커대회가 열리는 첫날이기에 정상의 컨디션을 유지하기 위해서는 휴식을 취해야 했다.

필자는 일찍 잠자리에 들어 수면을 취했다. 평소와 같은 기상 시간에 일어나 가벼운 운동을 하고 대회에 참가할 준비를 하고 있던 차에 호텔 방 전화벨이 울렸다. 전날 만났던 그 프랑스 포커 선수였다.

수화기를 통해 전해온 그의 얘기는 뜻밖의 충격적인 내용이었다. 그가 대회 참가를 위해 카지노로 송금했던 10만 달러와 함께 지갑에 챙겨온 3만 달러 등 가진 돈 전부를 잃고 12시에 열리는 대회에 참가할 돈이 없어 도움을 요청하는 내용이었다.

경악할 만한 일이었다. 두 달간의 세계포커대회를 위해 프랑스에서 거금을 갖고 대서양을 건너온 프로 포커 선수가 대회 참가는커녕 단 하루도 버티지 못하고 모든 자금을 잃고 빈털터리가 된 것이었다.

참으로 어처구니가 없는 상황이었다. 일반인들이라면 아마도 잘 이해가 되지 않는 상황일 수도 있다. 하지만 필자는 이해할 수 있었다. 10만 달러가 아닌 100만 달러를 갖고 있다 할지라도 카지노에서는 단 하룻밤 사이에 그 거액을 모두 날릴 수 있다. 카지노는 그토록 무서운 곳이다.

30년 지기 친구가 언젠가 이런 말을 한 적이 있었다. "케빈송이 세계포커대회 챔피언이라는 사실보다 카지노라는 무시무시한 곳에서 수십 년을 버텼다는 것이 더 경이롭고 기적에 가깝다"라고 말이다. 틀린 말이 아니다. 어떨 때는 나 자신도 '그 누구도 카지노에서 이렇게 버티지 못하는데 어떻게 내가 살아남을 수 있었을까'하는 의구심을 가질 때가 있었다.

전날 헤어진 프랑스 친구는 숙소로 돌아가다가 가벼운 마음으로 도박을 시작했다. 기분전환 정도의 수준에서 그쳐야 했음에도 그 친구는 차츰 게임에 빠져들었다. 순식간에 5,000달러를 잃었다. 다음날 대회에서의 본 게임을 위해 그만두려 했지만 자본이 두둑했던 그는 5,000달러의 손실을 메꾸려 1만 달러를 베팅했고 다시 게임에서 패했다. 악순환이 계속되었고 잃은 돈은 2만 달러로, 3만 달러로 늘었고 지갑에 챙겨온 돈을 모두 날렸다.

방으로 돌아온 프랑스 친구는 잠을 청했으나 시차 때문에 쉽사리 잠이 들지 못했다. 더욱이 가볍게 시작한 게임에서 3만 달러라는 거금을 잃은 탓에 은근히 부아가 치밀었다.

자리에서 일어난 그는 카지노에 송금했던 10만 달러를 인출해 게임장으로 달려갔다. 잃은 3만 달러를 만회하기 위해 온 정신력을 집중해 게임에 임했지만, 결과는 참담했다. 대회 참가를 위해 준비한 10만 달러는 순식간에 '불귀(不歸)의 객(客)'이 되어 그의 손을 떠나갔다.

그는 세계포커대회 참가를 포기할 수밖에 없었다. 필자에게 2,000달러를 빌려 프랑스로 돌아가는 항공권을 사야 했던 그의 뒷모습을 보며 다시금 카지노의 무서움을 뼈저리게 느껴야 했다.

평범한 사람들은 감히 상상도 할 수 없는 이러한 사례는 지금도 매일 전 세계 카지노에서 무수히 일어나고 있다. 주말을 재미있게 보내려 라스베이거스에 왔다가 불과 몇 시간 만에 가진 돈을 다 잃고 맨손으로 집에 터덜터덜 돌아가는 사람들이 부지기수이다.

심지어 라스베이거스로 신혼여행을 왔다가 하루 만에 여행경비를 모두 잃고 신부를 버려둔 채 라스베이거스를 떠나는 대책 없는 사람까지 봤다.

세탁소 여주인의 비극

　미국에서 프로 포커 선수로 활동하던 시절에 들었던 일화를 소개할까 한다. 당시 포커 선수로서 미국 생활에 어느 정도 정착해 가던 중이었다. 어느 날 머리도 식힐 겸 아내와 함께 라스베이거스에 위치한 MGM 카지노에서 열린 로드 스튜어트(Rod Stuart)의 공연을 관람하러 갈 기회가 생겼다. 어린 시절 팝송을 너무 좋아해 한때 명동과 충무로, 종로 등지에서 DJ 생활을 한 적이 있었다. 딥 퍼플(Deep Purple)의 기타리스트 리치 블랙모어(Rich Blackmore)에 반해 기타리스트가 되고자 하는 꿈을 가진 적도 있었다. 비록 여러 가지 사정으로 인해 그 꿈을 이루지는 못했지만, 아직도 그 시절만 생각하면 행복해진다.

　로드 스튜어트의 공연은 대성황이었다. 수천 명이 그의 뜨거운 열창에 열광했고 필자와 아내는 십 대 소년과 소녀처럼 소리를 지르고 춤도 추며 행복한 시간을 보냈다. 공연이 끝난 후 늦은 식사를 하기 위해 MGM 내의 이탈리안 식당으로 자리를 옮기던 중 우리에게 쇼 티켓을 마련해 준 한국인 카지노 호스트와 자리를 함께하게 되었다.

우리는 음식을 주문하고 와인을 마시면서 이런저런 이야기를 하며 시간을 보냈다. 그런데 한국인 카지노 호스트가 주문한 음식을 기다리는 동안 도박으로 인생을 망친 한 여성에 대한 일화를 들려줬다. 며칠 전 경험했다는 그 이야기는 우리의 귀를 의심하게 할 정도로 충격적인 내용이었다.

문제의 주인공은 로스앤젤레스에서 세탁소를 경영하는 30대 후반의 평범한 한국 여성이었다. 그녀는 평균적으로 한 달에 한 번꼴로 1만 달러를 들고 라스베이거스에 와서 블랙잭을 즐기곤 했다고 한다. 1만 달러가 적은 돈은 아니었지만 오랫동안 성실하게 일한 결과 상당한 부를 이룬 만큼 그녀에게 그 정도의 돈은 도박의 재미를 위해 투자하기에 큰돈은 아니었다.

게임에서 늘 따고 잃기를 반복하며 크게 손해를 보거나 횡재를 하는 일이 없었던 그녀는 어느 날 엄청난 행운을 맛보게 되었다. 금요일 오후 늦게 MGM 카지노에 도착한 이 여인은 1만 달러를 들고 블랙잭을 시작했는데 운이 좋았는지, 연전연승을 거두며 그날 밤에만 자그마치 80만 달러를 따게 되었다.

이 모습을 지켜본 한국인 호스트는 그녀에게 "새벽 4시가 넘었으니 게임을 그만하시라"라고 정중히 부탁한 뒤, 게임을 통해 딴 80만 달러를 MGM 호텔의 안전 금고(Safety Deposit Box)에 넣어두면 게임을 또 하고픈 유혹을 떨쳐버릴 수 없을 테니 MGM에서 10분 정도 거리에 있는 미라지 카지노의 안전 금고에 넣어

두도록 조언했다. 그녀는 호스트의 조언대로 하고 MGM 호텔로 돌아와 휴식을 취했다.

다음날 늦은 오후 MGM에 출근한 한국인 호스트는, 그녀가 블랙잭 테이블에 앉아 게임을 하는 모습을 보게 되었다. 그런데 놀라운 것은 전날과 동일하게 그녀가 플레이하는 핸드마다 승승장구하고 있었다는 사실이었다. 그녀는 한국인 호스트를 보자 반가워하며, "어제 너무 기뻐 잠이 오지 않아 미라지 카지노 호텔로 가서 블랙잭 게임을 했는데 그곳에서는 잘 안 되어 다시 MGM으로 돌아왔노라"라며 게임이 너무 잘되고 술술 풀린다며 기뻐했다.

그녀는 1만 달러가 최대한도 베팅 액수인 '맥시멈' 테이블을 독차지하고 무려 세 군데에서 베팅하고 있었는데, 매번 적어도 두 곳에서 이기고 있었고 세 곳 모두를 승리로 이끄는 때도 많았다.

MGM의 카지노 측 책임자들은 그녀의 연이은 승리에 술렁이고 있었고 주변에는 구경꾼들로 가득했다. 그녀는 전날처럼 또다시 80만 달러라는 거금을 획득했다.

모두 160만 달러라는 큰돈을 딴 그녀는 게임을 마무리했고, 카지노 측은 이 대단한 여인에게 MGM의 스위트 룸 가운데 거물급 도박사에게만 제공하는 7,000스퀘어 피트(약 200평) 규모의 최고급 객실을 제공하는 등 융숭한 대접을 했다.

그 객실은 필자도 꼭 한 번 이용한 적이 있었다. MGM이 처음 문을 열었을 당시 '바버라 스트라이전드(Barbara Joan Streisand) 쇼'를 관람하러 갔다가 알게 된 라스베이거스의 거물급 재벌의 호의로 하룻밤 묵은 적이 있었다. 그 객실은 정말 호화로움의 극을 보여주는 곳이었다. 아래층이 3,500스퀘어 피트(약 100평) 규모의 넓이였고 객실 안에 개인 엘리베이터가 있으며 이를 타고 위층으로 올라가면 또 3,500스퀘어 피트 규모의 공간이 있었다.

아래층은 일국의 대통령이나 재벌 총수가 묵을 것 같은 초호화 침실에다 열 명이 앉을 수 있는 회의실 겸 식탁이 있었고, 비서나 다른 식구들이 묵을 수 있는 방이 한 개 더 있었다.

또한 몇십 년은 돼 보이는 고급 와인과 샴페인, 코냑 같은 고급술들이 갖춰져 있는 칵테일 바와 버튼을 누르면 온 방의 커튼이 자동으로 열리며 라스베이거스의 밤 풍경을 한눈에 볼 수 있는 홀은 이 객실이 얼마나 고급스러운지를 고스란히 보여주는 공간이었다.

위층에는 운동을 할 수 있는 방이 있었는데 웬만한 운동 기구들은 다 있었고, 한쪽에는 거품이 나오는 욕조 '자쿠지(Jacuzzi)'가 있었다. 자쿠지에 온수를 가득 받아 고급 비누 거품 속에서 에어 마사지를 받으며 자동 커튼을 열자, 라스베이거스의 야경이 발아래 펼쳐지면서 황홀한 분위기를 자아냈다.

그렇듯 고급스러운 객실을 그녀가 사용하게 되었으니 평생 경험해보지 못한 최고의 호사를 누리게 된 심정이야 말해 무엇하랴. 라스베이거스의 달콤한 밤을 만끽하며 구름 위를 걷는 듯한 생애 최고의 기분을 그녀는 맛보았을 것이다. 일반적인 상식을 가진 사람이라면 이 꿈 같은 현실에 감사하고 큰 만족을 느끼면서 맘껏 즐긴 후 집으로 돌아가 "거금 160만 달러를 어디에 쓸까"하는 행복한 고민에 빠졌을 것이다.

그러나 이 철의 여인은 정말로 대단한 집념의 소유자였다. 잠도 거의 자지 않은 상태에서 이틀 밤을 또 지새우며 게임을 해 다시 20만 달러를 벌어들였다. 모두 180만 달러라는 어마어마한 돈을 거둬들인 것이다.

그제야 이 여인은 만족했다. 이제 집으로 돌아가 그 큰돈으로 여생을 행복하게 할 일만 남았던 것이었다. 그런데 사흘 밤낮을 새운 그녀는 너무 피곤해 도저히 운전해서 집으로 돌아갈 수가 없었다. 그리하여 전 남편에게 연락해 자초지종을 말하고 속히 라스베이거스로 비행기 타고 와서 자신의 차를 운전해 로스앤젤레스로 '에스코트'해 줄 것을 부탁했다. 이제 스위트 룸에서 편안히 휴식하며 전남편만 기다리면 모든 게 잘 끝날 터였다.

그러나 예상치 못한 일이 벌어지고 말았다. 사람의 욕심은 끝이 없는 걸까. 그녀는 전남편이 도착할 때까지 200만 달러를 만들겠다며 다시 블랙잭 테이블의 한 자리를 차지하고 앉아버렸다.

이 무렵 MGM 카지노는 발칵 뒤집혔다. 사실 180만 달러라고 하면 MGM 같은 초대형 카지노의 처지에서 볼 때 그렇게 큰돈은 아니라고 할 수 있다. 그러나 사우디의 왕자도 아니고 재벌도 아닌, 초라한 세탁소의 주인 여성에게 거금을 잃게 되자 카지노 매니저는 물론이고 사장단까지 난리가 났다.

MGM의 고급 간부들은 MGM 카지노에서 최근 가장 승률이 좋은 딜러들을 소집해 그 여인의 테이블에 투입했다. 그리고 조금만 상황이 안 좋아 보이면 다른 딜러로 계속 교체 투입했다.

이런 상황인데도 그녀는 당황하거나 놀라지 않았고 별로 개의치도 않았다. 그도 그럴 것이 워낙 거금을 따 놓았으니까 전혀 부담이 없었던 것이었다. 그저 약간의 시간만 보내다가 전남편이 도착하면 그가 운전하는 차에 올라타고 로스앤젤레스로 '금의환향'하면 될 테니까 말이다.

그러나 과유불급(過猶不及)이라 했던가. 조금씩 그녀의 운이 다했다는 사실을, 그녀 자신은 물론 주위의 사람들이 느끼기 시작했다. 칩이 계속해서 내리막으로 치달았다. 불안한 눈으로 게임을 지켜보던 한국인 호스트는 게임을 그만하라고 만류하고 싶었으나, 주위에 있던 카지노의 높은 양반들의 서슬 퍼런 눈치를 보느라 아무 말도 할 수 없었다.

그런데 너무나 이상한 것은 그 여인의 표정이었다. 칩이 한없이 내려가는 데도 아무런 표정도 없이 기계적으로 칩을 베팅하고 있었는데 도저히 살아 있는 사람의 표정으로는 보이지 않았다.

그 와중에 전남편이 MGM 카지노에 도착해서 상황을 곧 알아차리고는 그녀에게 바로 일어설 것을 집요하게 종용했다. 그러자 그 여인은 카지노 경비원을 소리쳐 불러서는 아무도 자기 근처에 얼씬거리게 하지 말라는 명령을 내렸다. 권총을 찬 카지노 경비원은 전남편을 라인 밖으로 끌어냈다.

시간이 지나면서 그 여인은 반미치광이가 되어 갔다. 자정 무렵을 넘어서 그 여인은 자신이 땄던 거금 180만 달러를 모두 토해 놓고 빈털터리가 되어 카지노 바닥에 거의 실신한 상태로 주저앉았다. 그때까지 기다리던 전 남편이 다가와 부축을 하자 그녀는 "너 때문이야. 이 재수 없는 새끼야"라고 전 남편의 가슴을 쥐어뜯으면서 울부짖었다.

모든 것이 '일장춘몽(一場春夢)', 한바탕의 봄날 꿈같은 일이었다. 이야기는 여기서 끝나지 않았다. 이후 그녀는 라스베이거스를 더욱 빈번하게 오갔는데 전에 경험했던 행운은 더는 그녀에게 얼굴을 보이지 않았다.

그러던 어느 날 한국인 호스트의 눈에, 어느 노신사와 함께 호텔 방으로 들어가는 그녀가 포착되었다. 뒤늦게 알고 보니 그녀는 수표책을 들고 다니면서 한국인들에게 수표를 현금으로 바꿔 주는 조건으로 몸을 팔고 있었다.

그녀가 남발한 수표가 당연히 부도나고 문제가 커지면서 그녀는 더는 카지노에 발을 붙이게 될 수 없었다. 그 모습을 본 한국인 호스트는 너무도 가슴이 아팠지만 어찌할 방도가 없었다고 한다.

세탁소 여주인의 비극을 전하는 한국인 호스트의 안타까운 얼굴을 보며 필자는 그녀에게 도박의 악령이 씌웠던 것은 아닌가 하는 마음이 들어 쓸쓸함을 감출 수 없었다.

파란만장했던 ‘주사위맨’의 성공과 몰락

세계 최고 수준의 프로도박사라 하더라도 항상 성공 가도를 달리는 것은 아니다. ‘도박사는 지는 게임은 하지 않는다’지만 도박사도 큰 손실을 볼 때가 있고, 전 재산을 날리는 일도 흔하기 때문이다.

도박사들은 대개 자신의 전공 분야가 있고 확률적으로 이익을 볼 수 있는 상황에서만 돈을 건다. 그러나 도박사의 판단이 늘 옳은 것만은 아니며 때로는 심각한 오판으로 회생할 수 없는 상황까지 몰리는 예도 있다. 다음에 소개하는 프로도박사의 일화가 그와 같은 사례이다.

라스베이거스 역사상 가장 큰 규모의 판돈으로 도박한 사람은 ‘아치 카라스(Arch Karas)’라는 인물로 알려져 있다. 그는 주사위를 던져서 승패를 가리는 도박인 ‘크랩(Crap)’이라는 게임을 전문으로 하는 희대의 도박사였다. 1952년 그리스의 한적한 시골에서 태어난 아치는 15세부터 가난한 건축업자였던 아버지를 따라다니며 일을 했던 노동자였다.

어느 날 아치는 시멘트를 만지는 일이 너무 싫다며 불평했는데 그의 아버지가 아치에게 연장을 집어 던지며 불같이 화를 냈다. 결국 두 사람은 심하게 다퉜고 그 일을 계기로 아치는 아버지로부터 도망을 쳤다.

아버지 곁을 떠나 이곳저곳을 전전했던 아치는 큰 선박의 식당 웨이터로 일하게 되었다. 배가 미국에 도착하자 그는 배에서 내린 후 다시 배로 돌아가지 않고 도망쳐 로스앤젤레스의 한 식당 웨이터로 자리를 잡았다. 그때가 1990년대 초반쯤이었다.

그가 일했던 식당 옆에는 볼링장과 당구장이 있었는데, 아치는 그곳에서 볼링과 당구를 배우게 되었다. 아치는 당구에서 탁월한 실력을 쌓았는데 이미 그 동네에서는 아무도 아치를 당해내는 사람이 없었다. 아치는 자기를 고용한 식당 사장과 종종 당구 내기를 했는데, 당구 대결에서 돈을 따 웨이터로서의 수입보다 훨씬 많은 수입을 올리게 되었다. 그때부터 아치는 식당 웨이터를 집어치우고 도박에 입문하게 되었다.

아치는 로스앤젤레스에 위치한 한 포커룸에서 처음 포커를 접하고 그때부터 포커를 치기 시작했는데 '세븐 카드 스터드 게임'에 단연 두각을 나타냈다. 그는 언제나 포커룸에서 가장 큰 게임에 참가했고 당시로서는 엄청난 액수인 100만 달러 규모의 도박판에서 사생결단으로 게임에 임했다.

그 결과 로스앤젤레스에서 최고 수준의 실력을 갖춘 포커 선수들을 누르고 200만 달러를 벌었다고 한다. 그러나 운이 다했을까?

1992년 12월, 한 달 동안 그는 그동안 모은 200만 달러를 모두 잃고 단돈 50달러만을 들고 라스베이거스로 쫓기듯 들어갔다. 그의 나이 만 40세가 되던 해였다.

아치는 라스베이거스 변두리 후미진 곳에 버려져 있는 컨테이너에 살면서 매일 하는 일 없이 지냈다. 그가 했던 유일한 일은 '크랩' 게임을 위해 주사위 던지는 연습뿐이었다.

얼마나 연습했는지 알 길은 없으나 아치는 자신에게 주어진 대부분 시간을 주사위 던지는 연습에 쏟아부었고, 얼마간의 시간이 흐른 후 그는 두 개의 주사위 가운데 한 개의 주사위를 통제할 수 있는 경지에 이르렀다.

과연 사람의 노력만으로 주사위를 던져 원하는 숫자가 나오게 할 수 있을까? 도대체 얼마나 피나는 연습을 했으면 그것이 가능해졌을까? 필자는 인간의 능력에 한계가 없다고 생각하므로 아치의 주사위 통제력은 가능했을 것이라고 본다.

라스베이거스 도심의 '호슈(Horseshoe) 카지노'는 세계포커대회(World Series of Poker)를 처음 시작했던 유서 깊은 카지노이다. 아치는 호슈 카지노에서 크랩(Crap), 즉 주사위를 던져 승부를 결정하는 게임을 시작했다.

이 카지노는 베팅에 한계가 없는 카지노 중 하나였다. 미리 카지노에 얼마만큼의 돈을 가져와 플레이하겠다고 알려 주면 그것으로 그만이었다. 미리 알려 주지 않더라도 즉석에서 큰돈을 베팅하면 카지노 매니저가 카지노 사장단에게 전화 한 통을 하고 허락을 받아 게임을 하면 그만이었다.

친구에게 1만 달러를 빌린 아치는 로스앤젤레스에서 쌓은 포커 실력으로 6만 달러를 벌어들이면서부터 라스베이거스에서 새로운 역사를 쓰게 된다. 첫 3개월 동안 포커와 당구, 주사위 등의 게임으로 자그마치 700만 달러를 벌어들였고 그 후 다시 3개월 동안 1,700만 달러의 거금을 거머쥐게 되었다.

당구로 120만 달러를 땄고, 포커로 300~400만 달러, 크랩으로 그 나머지를 벌어들였다는데 특히 포커에서 단둘이 싸우는 게임인 '헤드업(Head Up)'에서는 당대 최고의 라스베이거스 프로 포커 선수들과 대결해 거의 전승을 올렸다. 그 어떤 프로 포커 선수도 아치를 두려워해 그를 모두 꺼리는, 라스베이거스 역사상 전대미문의 현상까지 발생했다는 것이었다.

그 후 아치는 라스베이거스의 호슈 카지노의 회장인 잭(Jack)을 만나 주사위 게임의 베팅 한도를 최고로 올리자는데 합의했다. 이후 아치는 호슈 카지노에서 또다시 거금을 벌어들이기 시작했다.

그는 매일 엄청난 큰돈을 벌어 가곤 했는데 카지노로서는 이렇다 할 대책이 없었다. 그가 주사위를 던지는데 남보다 탁월한 능력이 있다는 사실을, 카지노 회장은 물론 카지노 관계자들은 알지 못했고 나중에는 아치가 카지노에 나타나는 것을 겁내기까지 했다.

카지노 측에서는 아무리 살펴봐도 아치가 그냥 주사위를 던지고 있을 뿐, 그 자세나 움직임에 전혀 속임수를 쓰는 것으로 보이질 않았다. 카지노 측은 생각다 못해 그에게 단 두 손가락만 사용하도록 했고 반드시 주사위가 벽에 부딪혀야 한다는 새로운 규칙도 만들었으나 아무런 소용이 없었다.

4,500만 달러, 한화로 자그마치 580억 원이 아치의 수중으로 들어갔다. 이 놀라운 뉴스는 삽시간에 퍼져 라스베이거스 전체가 술렁이게 되었다. 라스베이거스 사상 한 사람이 거의 무일푼에서 4,500만 달러를 딴 것은 라스베이거스 역사상 찾아볼 수 없는 전대미문의 큰 사건이었다.

호슈 카지노는 마지막으로 결단을 내렸다. 그에게 더는 주사위를 던질 수 없다고 통보했던 것이었다. 다른 사람이 던질 때 베팅을 할 수는 있으나 그 자신이 주사위를 만질 수는 없다고 일방적으로 통보했다.

그러자 아치는 카지노에 나타나지 않았고 잃은 돈을 다시 찾을 길이 없어진 카지노 측은 카지노 전문가들과 몇 날 며칠을 숙고한 끝에 주사위를 던지는 벽체에 작은 피라미드를 수백 개 만들어 주사위가 벽에 부딪혔을 경우 그 반동이 일정하지 않도록 시설을 보수했다. 그리고는 다시 아치에게 주사위를 던져도 좋다고 알렸다. 뾰족한 삼각형 끝에 부딪힌 주사위는 정말 사방으로 튀었고 아치는 그 승률이 현저하게 떨어져 그 전처럼 승승장구할 수가 없게 되었다.

그러자 아치는 베팅 액수를 줄이고 도박이 아닌 심심풀이로 주사위를 던졌다. 답답한 것은 카지노였다. 그는 이미 어마어마한 돈을 벌었고 돈 없는 설움에서 벗어나 인생을 즐기게 되었다. 아치는 비교적 큰 체격에 키는 그다지 큰 편은 아니었지만, 골격이 큰

호남형으로서 잘생긴 외모를 갖고 있었다.

소문으로는 라스베이거스의 아름다운 쇼걸은 모두 그의 차지였다고 하는데, 하룻밤에 세 여성과 잠자리를 같이 할 정도로 대단한 정력의 소유자였다고 한다.

그를 처음 만난 것은 1998년쯤으로 세계포커대회에서 필자가 우승하고 난 얼마쯤 후였던 것으로 기억된다. 아치를 만났을 당시 그는 더는 크랩 게임에서 돈을 벌기가 어렵게 되자 업종을 전환해 포커를 시작하는 단계였다. 그는 포커 테이블에 자주 모습을 드러내는 한편, 밤이 되면 라스베이거스의 밤의 제왕으로 군림했다.

그러던 아치가 큰돈을 탕진했다는 소문이 꼬리에 꼬리를 물고 들려왔다. 그는 돈이 많았기 때문에 작은 게임은 자신의 명성에 맞지 않는다고 생각했기에 주로 판돈이 큰 게임에 참가하곤 했다. 지금은 세상을 떠났지만, 당시 라스베이거스 최고의 포커 선수였던 칩 리즈 같은 기량 절정의 고수들과 싸우기도 했다. 그러니 그가 패배하는 것은 불을 보듯 뻔한 것이었다.

당시 아치의 사정을 짐작해 볼 수 있는 한 일화가 있다. 어느 날 아치는 아침 11시가 넘어 그의 애인과 함께 아침 겸 점심을 먹기 위해 비교적 작은 카지노에 있는 식당에 갔다. 간단한 토스트와 달걀 그리고 빵 따위로 식사를 마쳤는데 가격이 20달러쯤 되었다.

그러나 아치는 그 20달러의 돈을 내지 않고 식당 문을 나서다 제지를 당했다. 흥분한 그는 식당 매니저에게 "내가 누군 줄 아느냐?"고 물었다. 식당 매니저는 "당신이 누구든지 간에 돈을 내야 한다"고 말하자 아치는 화가 났다. 라스베이거스에서 아치가 다니는 카지노는 모두 그에게 방은 물론 고급술과 음식 등 모든 것을 공짜로 제공했다. 그는 돈을 내 본 적이 거의 없었던 것이었다.

그런데 감히 별 볼 일 없는 카지노의 식당 매니저 따위가 자기에게 시비를 걸다니. 아치는 이 카지노를 혼내줘야겠다고 마음먹고는 총지배인을 불러 맥시멈 베팅 크랩 게임을 하겠다고 호언을 했다.

결국 아치는 그 카지노에서 200만 달러를 잃고 말았다. 단돈 20달러를 내지 않으려고 거드름을 피우다 200만 달러를 날린 것이었다. 오만이 극에 달했던 당시 아치의 상황을 그대로 보여준 일화였다.

아치와 관련한 또 하나 유명한 일화가 있다. 어느 날 아치는 악몽을 꿨는데 그의 전처가 꿈에 나타났다고 한다. 아치의 사생활은 풍문으로만 떠돌 뿐, 본인도 자기 외의 가족에 대해 언급을 회피했지만, 전처가 꿈에 나타났다는 것으로 미루어 그가 결혼한 적이 있었음을 알 수 있을 뿐이었다.

그날 호슈 카지노로 가던 중 그는 경찰에게 과속딱지를 받았다는데 그 때문인지 30분 만에 200만 달러를 잃게 되었다. 순식간에 큰돈을 잃고 난 그는 무척 흥분했다. 호슈 카지노의 안전 금고 열쇠를 집에 두고 온 그는 카지노에 요청해 사람을 시켜 금고를 드릴로 뚫고 금고 속에 있던 900만 달러를 꺼냈다.

흥분한 상태에서 도박은 금물이었다. 아치는 결국 900만 달러도 모두 날리게 되었다. 하루 만에 1,100만 달러라는 거금을 잃어버린 것이었다. 이것이 아치가 몰락하게 된 시초였다. 그날 이후 아치는 3주 동안 무려 3,000만 달러, 한화로 약 390억 원이라는 거금을 카지노에 잃고 말았다.

그날의 심경에 대해 아치는 훗날 고백했다. 자신이 거금을 잃게 된 이유에 대해 첫째는 악몽을 가벼이 본 것, 둘째는 경찰에게 과속딱지를 받은 것, 그리고 마지막으로 평소 주머니에 넣고 다니던 안전 금고의 열쇠를 집에 두고 온 것이라고. 그렇듯 운명의 신은 자신에게 세 차례의 경고를 했지만, 세 번째 경고마저 무시하고 안전 금고를 드릴로 뚫고 돈을 꺼내는 실수를 범하면서 거액의 돈을 잃는 운명에 처한 것이었다.

평소 아치는 건강과 사랑, 행복, 자유 등의 가치는 중요시했지만, 일반인들과 달리 돈에 대해서는 무척 열려있는 사고를 하고 있었다. 그 때문에 큰돈을 따든 잃든 늘 평정심을 갖고 살았다. 그런 면이 라스베이거스에서 유명한 도박사로 남을 수 있었던 요인이 아니었나 싶다.

그 후 많은 시간이 흘렀다. 2000년대 중후반쯤으로 기억된다. 아치는 그렇듯 라스베이거스에서 엄청난 돈을 잃고 로스앤젤레스로 돌아왔다. 그는 로스앤젤레스에서 포커 게임을 하곤 했는데 당시 로스앤젤레스에서 살고 있던 필자는 가끔 그와 포커를 했던 기억이 있다.

어느 날 아치가 필자에게 말했다. "자신은 모든 자금이 바닥이나 이제 빈털터리가 되었다"라고. "그럴 리가 있느냐?"고 필자가 되묻자 그는 정말이라면서 이제 남은 것은 현금을 주고 매입한 200만 달러짜리 집이 전부라고 말했다.

필자는 웃으면서 "그러면 당신은 아직도 백만장자"라고 말했다. 200만 달러짜리 집은, 일반인은 꿈도 꾸지 못하는 집이니까 빈털터리라는 말은 좀 심하다는 핀잔 아닌 핀잔과 함께.

결국 아치는 그의 말대로 이후 정말 빈털터리가 되고 말았다. 2008년 세계 대회에서 그는 대회 참가는커녕 5달러짜리 포커 게임을 하고 있었다. 소문으로는 그가 꽤 많은 빚을 지고 있었다는 것이었다.

사실 필자는 아치가 그동안 살아왔던 이야기를 그에게 좀 더 듣고자 했지만, 그의 초라해진 모습을 보고는 마음을 바꾸었다. 그의 화려했던 과거를 들춰내 그를 더는 초라하게 만들고 싶지 않았기 때문이었다.

아치 카라스의 일화는 우리에게 많은 교훈을 준다. 라스베이거스 역사상 가장 큰 규모의 판돈으로 도박한, 최고의 도박사인 그도 결국 도박으로 인해 빈털터리가 되고 초라한 말년을 맞았다는 사실이다. 결국 도박해서 최후의 승리를 거머쥘 수 있는 사람은 이 세상에 어디에도 없다는, 씁쓸한 교훈인 셈이다.

유학생 부부의 비참한 말로

미국은 카지노의 나라다. 2024년 현재 미국은 세계에서 가장 많은 카지노를 보유하고 있으며 그 수만도 1,500개를 상회한다. 카지노의 연간 매출의 총합은 80조 원이 넘으며 카지노 천국으로 알려진 미국 네바다주의 라스베이거스는 '도박의 도시'로 전 세계인들에게 잘 알려져 있다.

그렇기에 미국에 '아메리칸드림'을 꿈꾸며 이주한 이민자든, 학업을 위해 미국에 간 유학생이든, 언제 어디서든 마음만 먹으면 카지노에 가서 도박을 할 수 있다.

다음의 일화는 미국에 공부하러 온 유학생 부부가 도박에 빠진 후 맞게 된 비참한 결말을 보여주는, 안타까운 이야기다.

1987년경의 이야기로 필자는 당시 뉴욕에 거주하고 있었다. 뉴욕에는 플러싱(Flushing)이라는 동네가 있었는데 그곳은 한국인들이 많이 모여 살았던 지역이었다. 한국 식당도 여럿 있고 한국인이 운영하는 상점도 많았다. 필자는 한국 상점 가까운 곳의 비교적 깨끗한 5층짜리 아파트에 살았는데 한국인이 많이 살고 있어 심심치 않았다.

그 아파트에는 한국인 유학생 부부가 공부하러 와 그곳에 살았는데, 당시 많은 한국 유학생들이 그렇듯 그들은 잠시 학교를 휴학하고 학비를 벌기 위해 아르바이트 생활을 하고 있었다.

남편은 24시간 문을 여는 채소 가게에서, 아내는 여성 옷 가게에서 일했다. 그들은 아직 신혼이었고 남들의 눈에 너무나 행복해 보였던 잉꼬부부였다. 주말이면 꼭 둘이서 함께 시장을 보고, 영화 구경도 다니면서 마치 사이좋은 비둘기 한 쌍처럼 살았다. 아내는 외모가 빼어나게 아름다웠으며 남편은 누구보다도 선하고 부드럽게 생긴 얼굴을 갖고 있었다.

필자는 그들이 너무도 선량해 보여서 법 없이도 살 수 있는 사람들이라고 생각했다. 그 부부는 엘리베이터에서 자주 마주치곤 했는데 그럴 때마다 환하게 웃으며 상냥하게 인사를 건넸다. 그들은 매우 성실한 사람들이었고 개미처럼 일해 3년 동안 3만 달러(약 3,900만 원) 가까이 저축하며 재미있게 살았다.

그렇게 바쁘고 성실하게 살아가던 어느 날 그 부부는 같은 교회에 다니는 친구들 십여 명과 함께, 플러싱에서 두 시간 반쯤 떨어져 있는 도박의 도시 '애틀랜틱시티(Atlantic City)'에 놀러 가게 되었다. 미국에 온 지 몇 년 동안 휴가를 거의 가져 보지 못했던 이들 부부는 오랜만의 나들이에 너무도 기뻤다.

경제적 여유가 없었던 시절이라 애틀랜틱시티에 호텔 방을 달랑 두 개만 얻어 한 방에는 남성들이, 다른 방에는 여성들이 함께 잠을 잤다. 식사는 방에서 전기밥솥에 밥을 해 미리 준비해 간 밑반찬과 김치로 식사를 해결할 정도였지만 그들은 너무도 행복하고 재미있게 보내고 있었다.

부부는 카지노에 가서 생전 처음으로 슬롯머신을 하게 되었다. 친구들이 가르쳐 준 대로 동전을 슬롯머신에 넣어가며 난생처음으로 즐거운 시간을 보내게 되었다.

너무도 성실하게 살아왔던 그들 부부에 대한 신의 선물이었을까? 도박의 도시에서라면 어디에서나 찾아볼 수 있는 '초보자의 운(Beginner's Luck)'이었을까? 슬롯머신은 부부에게 마구 돈을 토해 냈다. 그들은 밤을 새워 가며 슬롯머신에 매달렸고 시간이 지날수록 많은 돈을 따며 주위의 부러운 시선을 독차지했다.

그뿐만이 아니었다. 친구들에게 배운 게임 블랙잭도 너무나 신기하고 재미있었고 쉬웠다. 그들은 게임을 하는 족족 운이 따르며 돈을 따게 되어 그들의 즐거움은 이루 말할 수 없었다.

애초 계획했던 2박 3일의 일정이 끝났을 때 부부가 딴 돈은, 모든 경비를 제외하고도 5,000달러가 넘을 만큼 거금이었다. 우리 아파트에서는 난데없는 파티가 벌어졌고 그들 부부가 카지노에서 펼친 영웅담은 아파트에 빠르게 돌아 모르는 사람이 거의 없을 정도로 회자되었다.

하지만 2박 3일의 그 행운이 그들 부부에게는 독이 되었다. 지난 3년 동안 부부는 개미처럼 성실하게 일했고, 안 먹고 안 쓰며 돈을 아끼는 생활을 이어왔다.

하루 10시간, 일주일이면 60시간 이상을 일해 한 달에 간신히 700달러, 많으면 1,000달러를 모으며 살아 온 부부에게 갑자기 생긴 5,000달러는 엄청난 횡재였다. 거의 반년을 휴가 없이 일해야 모을 수 있는 돈을 2박 3일에 벌었으니 넋이 빠지지 않을 수 없었다. 월요일이 되어 일터에 출근하면서도 부부는 꿈속에서 헤매는 것 같았다.

다시 주말이 돌아왔다. 바쁜 생활 속에서도 일요일만은 경건하게 교회에 나가 하느님도 만나고 교우들과 점심을 먹으며 담소를 나누곤 했던 부부는, 토요일 밤이 되자 일주일 동안의 피로도 잊은 채 단둘이 애틀랜틱시티로 향했다.

그들은 아무런 방해하는 사람 없이 슬롯머신에 집중하면서 꼬박 밤을 지새웠다. 그들은 지난 주말에 딴 5,000달러 가운데 단 800달러만 가지고 왔기에 그 돈을 잃어도 부담이 전혀 없었다.

그렇게 부부의 도박 생활이 시작되었다. 매주 주말이 되면 부부는 약속이나 한 듯 애틀랜틱시티로 향했고, 언제부터인지 5,000달러의 흑자는 적자로 변해가고 있었다. 그다음에는 3년 동안 은행에 모아둔 돈이 조금씩 줄기 시작했다.

그러면서부터 이들은 직장에도 소홀히 하게 되었다. 토요일과 일요일 밤을 새우고 나면 월요일에 출근할 수 없었기 때문이었다. 필자가 아파트에서 가끔 그들을 마주칠 때도 예전의 그 환한 웃음으로 인사하는 것이 아니라 억지웃음으로 인사를 하는 듯 느껴졌다.

은행의 3만 달러 가까운 돈이 바닥을 드러내던 날, 부부는 다량의 수면제를 함께 복용하고 깊은 잠에 빠져들어 다시는 깨어나지 않았다. 서울에서 온 손님 접대에 집을 비웠던 필자는 그들의 죽음을, 신문을 통해 알게 되었다.

회사에서 그들의 죽음에 관한 기사를 읽으면서 망연자실해졌다. 안타까운 마음에 아파트로 돌아와 보니 그 유학생 부부의 방 앞에는 노란 줄이 쳐져 외부 사람들의 출입을 막고 있었다. 허망한 심정으로 부부의 명복을 빌었다. 그들의 환한 웃는 모습이 수년 동안 필자 머릿속을 떠나지 않았다.

'에스키모'라 불린 도박사의 최후

　인간이라면 누구든 무언가에 중독될 수 있는 성향을 조금씩은 갖고 있다. 담배나 술, 약물 등 물리적인 것에 중독될 수도 있고 도박이나 게임, 일 등 심리적인 부분에 중독도 가능하다. 중독은 스스로 자신을 제어하지 못하고 반복적으로 그 대상에 빠지는 만큼 정상적인 생활을 하지 못하고 일상에서 일탈하게 된다.

　그런데 이러한 중독에 빠지는 사람들의 성향은 보통 여린 심성을 가진 경우나 착하고 우유부단한 성격의 소유자가 유독 많다. 성격이 강하거나 완고하고 남에게 모질게 대하는 사람들의 경우 도박 중독에 잘 빠지지 않는 사례가 많다.

　도박 중독에 빠질 가능성이 큰 사람들의 성향은 좋게 말하면 순진하거나 순박한 것이고 나쁘게 말하면 바보스럽다는 것이다. 도박에 빠져 패가망신한 사람치고 독하거나 센 사람이 없다는 사실은 무척 의미심장하다. 특히 그런 부류 사람들의 특징은 남의 말에 솔깃하거나 타인을 쉽게 믿고 의지한다는 사실이다. 아래 소개하는 사례도 남을 쉽게 믿고 많은 돈을 날린 프로 포커 선수의 이야기다.

라스베이거스에서 유명한 한 프로 포커 선수가 있었는데 필자도 잘 아는 친구였다. 그의 이름은 폴 클라크로 이름보다 별명이 더 유명했다. 그의 별명은 '에스키모'였는데 평소 행색을 에스키모처럼 하고 다녀서 붙여진 것이었다. 실제로 그는 머리가 크고 넓고 평평한 얼굴을 가진 에스키모의 외형을 닮아 있었고, 두꺼운 점퍼를 입고 머리는 산발을 할 때가 많았다.

그는 프로 포커 선수답게 많은 돈을 벌었지만, 카지노의 숙소나 호텔에서 머물지 않고 늘 차에서 잠을 잤다. 호텔 비용이 아까웠던 것이었다. 맥도널드 매장에 가 식사를 대충 때우고 그곳에서 세수하는 등 몸을 씻는데도 돈을 쓰지 않는다. 오로지 게임을 하는데 베팅하는 돈 외에는 다른 곳에 절대 돈을 지출하지 않는 '짠돌이'였다.

한 번은 그가 필자에게 엉뚱한 질문을 했다. 결혼했냐는 것이었다. 그래서 당연히 결혼했다고 답했다. 이어 에스키모는 아이가 있는지를 물었다. '이 친구가 왜 이런 것들을 묻지?' 하는 의아한 마음이 들었다. "아이가 있다"고 대답하자 그는 미간을 찌푸리며 "너 미쳤구나"라고 소리를 질렀다. 필자는 황당했다.

이어 에스키모는 한심하다는 얼굴로 말을 이었는데 그 내용이 가관이었다. 여자가 필요하면 돈을 주고 사면 되는데, 골치 아프게 왜 결혼하고 아이를 낳아 돈을 쓰느냐는 것이었다. 가정을 이뤘을 때의 만족감, 아내와의 사랑과 아이들을 키우며 얻는 행복을 그는 알지 못했다. 돈보다 더 중요하고 값진 것들이 이 세상에는 더 많다는 사실을 에스키모는 몰랐던 것이었다. 불쌍하고 가엾은 친구라고 할 수 있다.

필자는 카지노에서 게임을 할 때 나름대로 자신을 제어할 수 있는 '자동제어장치'를 만들어 활용하고 있다. '자동제어장치'는 '기계의 작동이나 상태 따위를 자동으로 제어하는 장치'라는 의미다. 주로 공학 분야에서 사용하는 용어인데 카지노에서 자신을 스스로 조절하게끔 하게 하는 용도로 만든 것이다.

게임이 잘 풀리지 않거나 신중히 게임에 임하지만 계속해서 돈을 잃을 때가 있다. 그럴 때 이성을 잃고 자신의 계좌에서 돈을 빼 계속 베팅하게 되어 있다. 우선 정신을 가다듬어 이성을 찾아야 하는데 잃은 돈을 되찾기 위해 앞뒤 가리지 않고 돈을 찾기 위해 다시 게임 테이블 앞에 앉는 것이다.

이를 방지하기 위해 필자는, 짧게는 반나절이나 하루 혹은 이틀, 멀게는 며칠 동안 돈을 찾을 수 없는 곳에 돈을 맡겨두는 것이다. 그것이 카지노의 안전 금고든, 은행이든 말이다. 그게 필자의 '자동제어장치'이다.

보통 프로 포커 선수들이나 라스베이거스의 프로도박사들은 이처럼 비슷한 자동제어장치를 만들어 활용하기도 하는데 에스키모도 아마 그랬던 것 같다.

어느 날엔가 에스키모는 카지노에서 포커를 치다가 5만 달러가량을 잃은 적이 있었다. 그날따라 에스키모에게 운이 따르지 않았고 그는 자주 얼굴을 붉히는 등 심경의 변화를 보였다. 그즈음에서 게임을 멈추고 숙소로 돌아가거나 마음의 안정을 취해야 했다.

그러나 그는 자신이 게임을 했던 테이블의 자리를 다른 사람이 앉지 않게 조처를 하고 자리를 떴다. 보통 10~20분 정도 자리를 지키지 못하면 다른 포커 선수가 앉아 게임을 하는 것이 상례였다.

에스키모는 차로 약 30분 거리의 다른 카지노 안전 금고로 달려가 자신의 돈을 찾아왔다. 그러고는 다시 게임에 빠져들어 또다시 전액을 잃었다. 그리고 다시 다른 카지노의 안전 금고로. 그렇게 그날 밤 에스키모는 세 차례나 안전 금고를 들락거렸다. 모든 걸 돈의 기준으로 재고 오로지 돈밖에 몰랐던 그도 게임에 미치게 되니 그 아까운 돈을 쉽게 날리고 만 것이었다.

에스키모와 관련된 또 하나의 일화가 있다. 당시 온라인 포커가 한창 인기를 끌 때였는데 이를 통해 엄청난 돈을 번 이도 있었다.

그런데 에스키모에게 온라인 포커에 투자하라는 제의가 들어왔다. 사업을 하는 한 남성에게 제의를 받은 것인데 에스키모는 여러 가지 조건을 보고 흔쾌히 그 제의에 수락했다. 온라인 포커가 한창 최고 인기를 누리고 있었고 수익도 상당히 좋은 편이어서 어쩌면 투자는 당연했는지도 몰랐다.

에스키모는 여기저기서 자신의 돈을 끌어모아 부푼 꿈을 안고 20만 달러, 한화로 약 2억 6천만 원가량을 투자했다. 그런데 며칠, 몇 주가 지나도 투자를 받은 사람에게 사이트를 개설했다는 연락이 오지를 않았고 연락도 잘되지 않았다.

　나중에 알고 보니 온라인 포커 사업을 제안했던 사람은 사기꾼으로, 에스키모를 비롯해 7~8명의 투자자에게 투자금을 받아 챙기고는 외국으로 튀어버렸다.

　그 뒤로 에스키모의 인생은 그야말로 급전직하로 몰락했다. 잘나가던 포커판에서도 연전연패를 당했고 카지노 이곳저곳을 빌빌대며 전전하다 결국 쓸쓸한 죽음을 맞았다.

　돈이 자신의 인생에 최대의 가치이자 스스로 존재 의미이기도 했던 에스키모는 온라인 포커 사업으로 큰돈을 벌겠다는 장밋빛 꿈을 꾸다 일순간에 사기를 당했다. 그러고서 그의 삶은 내리막길로 치달았고 결국 제 명을 채우지 못하고 비명횡사(非命橫死)했던 것이었다.

라스베이거스에서 퇴출당한 생계형 도박사

필자는 30년 이상 프로 포커 선수로 활동하면서 세계적으로 이름을 날린 프로들을 수도 없이 만나왔다. 주요한 경기가 열릴 때마다 그들과 같은 호텔에 묵으며 식사를 같이하거나 술을 마시는 때도 있는데, 대부분 포커 선수들의 이력은 일반인들과는 다른 경우가 많았다.

필자도 마찬가지지만 그들은 웬만해서는 자신의 과거나 가정사, 혹은 선수로서의 배경에 대해 밝히길 꺼린다. 그도 그럴 것이, 상대가 경기에서 경쟁상대이고 쉽사리 속을 내보이지 않는 것이 프로의 세계이니까 말이다.

그렇다고 하더라도 술을 마시고 친해지는 경우 가끔 속 얘기를 나누는 예도 없지 않다. 어떤 프로는 엄청난 부자 집안에서 태어나 귀하게 자란 이도 있었고, 우리 돈으로 수백 억 원이라는 엄청난 돈을 카지노에서 잃은 프로도 있었다.

그들 프로 포커 선수의 내막이나 속마음을 알게 되면 때로는 놀랍고 때로는 숙연해지기까지 한 경우가 많다. 실력 있는 도박사는 초인적인 인내와 노력으로, 치열하고 피 말리는 싸움 속에서 나름의 철칙을 세워놓고 살아남기 위한 처절한 노력을 기울인다.

겉으로는 대저택에 고급 차를 몰고 다니는 등 일면 화려해 보이지만 그것을 성취하기 위한 프로도박사의 정신력과 노력이 얼마나 대단한 것인지 알면 새삼 놀라지 않을 수 없다. 세상의 다른 일들도 그러하리라고 생각한다.

그런데 이러한 프로도박사와는 결이 다른 이들도 있다. 즉, 라스베이거스의 카지노에는 자신의 생활비를 버는 것만을 목적으로 도박사 생활을 하는 이들이 꽤 있다는 말이다.

라스베이거스의 도박사 숫자가 워낙 유동적인 데다가, 그들의 신분이 드러나 있지 않기 때문에 어느 정도가 활동하고 있는지 짐작조차 하기 힘들지만, 이런 생계형 도박사의 숫자는 대략 1,000명 안팎이라는 것이 카지노 전문가들의 견해이다.

이들 생계형 도박사는 대부분 수년간 혹은 수십 년간 카지노와의 싸움에서 뼈아픈 패배를 당하면서 얻어진 경험을 통해 만들어진 저마다의 노하우를 갖고 카지노에서 생계 활동을 하고 있다. 이들은 카지노라는 거함은 쓰러뜨릴 수 없다는 결론을 내리고 방향 전환을 시도해 그저 생활비만을 벌어 먹고사는 것이다.

이들이 카지노를 떠날 수 없는 이유는, 오랫동안 카지노에서 방황해 왔기에 카지노를 떠나 다른 곳에서 생활 전선에 뛰어들어 취직해 일하거나 자기 사업을 하는 일이 불가능하기 때문이다.

이런 생계형 도박사들은 저마다의 철칙이 있다. 철칙이 무너지면 자신의 도박사로 사는 삶을 마감할 수밖에 없다는 것을 알고 있으므로 그들은 자신이 만들어낸 철칙을 이를 악물고 철저히 지켜 낸다. 그 철칙의 대부분은 베팅에 절대 무리하지 않고 리스크를 최소화하는 것이다.

다음의 일화는 생계형 도박사의 이야기로 자신이 세운 철칙이 무너졌을 때 어떻게 몰락하는지를 명약관화(明若觀火)하게 보여 주는 사례라고 할 수 있다.

라스베이거스 중심가에는 세계적으로 유명한 '호슈(Horse Shoe) 카지노'가 있다. 필자는 매년 열리는 세계포커대회에 출전하기 위해 1994년부터 2004년까지 해마다 보름 이상 호슈 카지노에 머물러 카지노의 대부분 직원과 안면을 트고 있었다. 2005년부터는 세계포커대회가 리오 호텔로 옮겨 개최되어 이제는 호슈 카지노를 방문할 일은 없지만 말이다. 당시 호슈 카지노의 한 직원에게 직접 들은 사연이다.

그 카지노에 매일 출근해 룰렛 게임을 하는 생계형 도박사가 한 명 있었다. 카지노 측에서는 그 생계형 도박사의 존재를 포착하고 있었고, 그의 도박 스타일이나 내용을 잘 알고 있었으나 아무런 조치는 취하지 않고 지켜보고 있는 상황이었다.

룰렛(Roulette)은, '바퀴'를 의미하는 프랑스어 'Roue'와 '작다'는 의미를 지닌 이탈리아어 'Ette'가 합쳐진 단어로 '작은 바퀴'를 뜻한다. 이 게임은 1번에서부터 36번까지 붉은색과 검은색으로 이뤄진 판 속의 36개의 숫자와 '0'과 '00'으로 구성된 총 38개의 숫자를 돌아가는 원반에 새겨 넣고, 딜러가 구슬을 원반의 회전 방향과 반대 방향으로 굴려 어떤 숫자에 가서 멈추는가를 맞히는 게임이다. 숫자를 맞추면 베팅금액의 35배를 상금으로 지급한다.

또한 검은색과 붉은색 등 색깔에 따라 1/2 정도의 확률로 베팅을 할 수가 있는데. 이기게 되면 베팅금액의 두 배를 상금으로 준다. 이때 '0'과 '00'은 색깔이 없어서 확률상으로 볼 때 카지노가 약간 유리한 게임이라고 할 수 있다.

호슈 카지노의 이 생계형 도박사는 매일 룰렛 게임을 해왔는데 늘 붉은색에 200달러, 우리 돈으로 약 20여만 원을 베팅해 이기면 뒤도 돌아보지 않고 카지노를 떠났다고 한다. 그에게는 하루 일당을 번 셈이니 큰 아쉬움 없이 게임장을 벗어날 수 있었던 것이었다.

만약 200달러를 걸어 게임에 지게 되면 다음에는 400달러를 건다. 이 게임에서 400달러를 딸 경우 200달러를 땄을 때와 똑같이 미련 없이 카지노를 떠나는 것이다. 그런데 또 지면 다음에는 800달러를 건다. 이런 방식으로 베팅해 그는 2년 이상 계속해서 전승을 거두며 월 5,000달러, 한화로 650만 원 이상을 따 생활해 온 것이었다. 그가 호슈 카지노를 생계유지에 필요한 돈을 수확하는 일터로 선택한 이유는 베팅 한도가 없어서였다고 한다. 게임에서 패할 경우 계속해서 잃은 금액의 배수로 이길 때까지 계속 베팅해야 했기 때문이었다.

그렇게 카지노에 의지해 생계를 유지해 오던 그가 어느 날, 여느 날과 똑같이 밤늦게 나타나 룰렛 게임에서 200달러를 베팅했다.

늘 똑같은 붉은색에 베팅한 것이었다. 그런데 첫 게임에서 룰렛 원반 위에서 회전하던 구슬이 검은색에서 멈췄다. 다시 그는 400달러를 베팅했다. 구슬은 다시 검은색 원반에서 멈췄고, 그는 항상 게임장에서 그랬던 것처럼 800달러를 붉은색에 걸었다. 그렇게 연달아 여덟 차례 붉은색에 자신의 자산을 걸었으나 모두 구슬은 검은색에 멈췄다.

카지노의 입장에서도, 그의 처지로서도 경험해보지 못한 처음 있는 일이었다. 그 생계형 도박사의 얼굴빛은 이미 사색이 되어 오랜 병자처럼 보일 정도였다. 마지막으로 도박사는 아홉 번째 베팅에 나섰다. 구슬이 여덟 차례나 검은색에 멈췄기에 붉은색이 나올 가능성이 더 커 보였지만, 도박사는 작심하고 룰렛 게임을 한 이래 최초로 검은색에 돈을 걸었다.

결과는 어땠을까. 두 눈을 부릅뜨고 원반에 회전하는 구슬을 좇는 도박사의 얼굴이 일순간 일그러졌다. 구슬은 슬프게도 붉은색 홈에서 정확히 멈춰 섰다.

그날 생계형 도박사가 아홉 차례의 베팅으로 잃은 돈은 자그마치 10만 달러, 1억 3,000만 원이 넘는 거액이었다. 그날 이후 그 도박사를 카지노에서 본 사람은 없었다.

이론적인 확률계산으로 '홀짝 게임'과도 같은 게임에서 아홉 차례나 연속으로 패한다는 것은 희귀한 일이다. 하지만 그러한 일이 일어날 확률은 지극히 낮지만, 분명히 일어날 수도 있는 것이다.

실제로 이런 일이 발생한 적이 있었다. 그 대표적인 것이 1913년의 사례이다. 이 해 모나코의 몬테카를로 보자르 카지노의 룰렛 게임에서 구슬이 스무 차례 연속으로 검은색 원반 홈에 멈췄다. 그러자 많은 도박사는 이제 붉은색 홈에 구슬이 떨어질 차례라고 확신하며 붉은색에 돈을 베팅했다.

그러나 구슬은 스물여섯 차례나 검은색 홈에서 멈췄고 많은 게이머가 큰돈을 잃었다. 세계 카지노 역사상 기록될 만한 큰일이었던 이 사건을 후대인들은 '몬테카를로의 오류(Monte Carlo fallacy)', 즉 '도박사의 오류'라고 부르기 시작했다.

생계형 도박사에게 늘 생계를 이을 수 있는 일정한 자금을 항상 지급해 온 호슈 카지노 측은, 시간이 가면 언젠가 한 번은 그가 무너진다는 것을 명확히 알고 있었고 실제로 그는 카지노와의 싸움에서 최종 패배자가 되어 영원히 퇴출당한 셈이었다. 그만큼 카지노를 최종적으로 이길 수 있는 도박사는 없으며, 카지노가 얼마나 무서운 곳인지 경각심을 주는 일화가 아닐 수 없다.

강원랜드의 안타까운 사례

　지난 2000년 10월 28일, 1,400m 고지의 백운산이 올려다보이는 광활한 대지 위로 우뚝 서 있는 24층의 고층 건물 앞에 이른 새벽부터 수천 명의 인파가 몰려있었다. 오후 3시가 되자 고층 건물의 문이 열렸고 많은 인파가 뛰다시피 건물 안으로 입장하기 시작했다.

　이날은 대한민국 카지노 산업의 역사에서 기록될 만한 특별한 날이었다. 오랫동안 방치되었던 폐광지역의 경제 회생과 관광산업 육성을 위해 정부와 강원도가 공동으로 범 국가사업으로 주도, '폐광지역 개발 지원에 관한 특별법'에 따라 설립된 '강원랜드'가 공식적으로 문을 연 날이기 때문이다.

　강원랜드는 당시까지만 해도 외국인만이 드나들 수 있는 13곳의 카지노가 운영되었던, 열악했던 한국 카지노 업계의 상황을 반전시킬 주인공으로서 내국인의 출입을 허용하면서 카지노 대중화는 물론 관련 업종의 활성화 등 업계의 시장 규모를 확대하는 마중물로 작용했다.

　강원랜드는 그해 5월부터 딜러 75명을 선발, 12주간의 전문교육을 실시했으며 호텔 요원 108명과 카지노 직원 111명 등 총 219명을 선발해 사업을 개시했다. 총 700억여 원이 투입된 강원랜드는 200실 규모의 호텔과 500대의 슬롯머신, 테이블 게임기 30대 등의 시설로 하루 최대 700명을 수용할 수 있는 규모로 세워졌다.

애초 강원랜드의 설립을 도모할 때 전문가는 물론 일반인들 사이에서도 카지노로서 성공할 수 있냐는 회의적인 시각이 많았다. 도박에 대한 한국인들의 전통적인 정서에다 수도권에서 자동차로 3~4시간 이상 걸리는 지역이라는 불리한 입지 조건이 그런 사실을 뒷받침했다.

하지만 이러한 우려와 의문에도 불구하고 첫날부터 강원랜드는 소위 '대박'을 쳤다. 개장일 첫날의 매출이 10억 원이 넘었고 그해 말까지 약 두 달간 벌어들인 돈이 무려 883억 원에 달할 정도였다.

미국의 라스베이거스가 1930년대 경제 대공황을 극복하기 위한 목적으로 설립된 점은 알만한 사람이면 다 아는 사실이다. 강원랜드 도 마찬가지였다. 국내 최대의 탄광 지대로 지나가는 개도 돈을 물고 다닌던 사북 일대의 탄광촌은, 석탄의 수요가 급감하면서 하루아침에 폐광촌으로 몰락했다. 강원랜드는 이러한 상황을 반전 시킬 주인공으로서 정선 주민들의 강력한 요구로 탄생하게 된 것이었다.

그러나 2024년 기준으로 설립 25년 차인 오늘날의 강원랜드는 말도 많고 탈도 많은 애물단지로 전락해 버렸다.

앞의 장에서 소개한 바도 있지만, 유쾌하고 가볍게 게임을 즐기려 강원랜드에 방문했다가 가진 돈은 물론 전 재산과 차량까지 담보로 잡힐 정도로 도박에 빠지고, 급기야 자살에 이르게 만드는 등 엄청난 사회문제를 야기하고 있는 것이 현실이다. 공식적인 통계로 대략 1,000명에 이르는 '카지노 노숙자'를 양산하고 이들 가운데 적지 않은 사람들이 자살을 생각하거나 실제로 감행하는 등 수많은 문제점을 노출하고 있다.

필자도 한국을 방문했을 때 강원랜드를 가보았는데 경악했다. 그야말로 수준 낮은 게이머들이 난장을 벌이고 있다. 속된 말로 표현하면 그런 '개판'이 없다. 게임장에서 갖춰야 할 기본적인 예의는 고사하고 온갖 욕설과 행패를 부리는 방문객은 기본이고, 조폭 같은 차림새를 하고 방문객들에 살벌한 분위기를 연출하는 사람이 있는가 하면 서로 주먹질하는 사례도 종종 벌어진다.

카지노 인근 거리에는 넋을 잃은 듯한 도박 중독자가 심심찮게 눈에 띄고 카지노 근처에는 그야말로 '좀비'에 가까운 것 같은 얼굴을 한 도박자들이 불안한 눈빛으로 서성댄다. 이런 현실을 당장 국가가 나서서 해결하지 않으면 안 된다고 본다.

다음에 소개하는 몇 가지 사례는 언론을 통해 접한 것으로, 필자가 경험했던 미국의 카지노 폐해와 크게 다르지 않은 사례들이라 할 수 있다.

경북 영양에 사는 김 모 씨의 사례는 도박 중독자 가족으로 인해 도박에 빠진 케이스다. 영양에서 모텔과 식당을 운영하며 비교적 여유가 있는 생활을 해온 김 씨는, 사업차 강원도 정선으로 이주한 딸과 사위가 이주한 지 5년 정도 지나면서 한 달이 멀다 하고 돈을 부쳐달라고 해 이상하다 싶어 정선으로 향했다.

딸네 집에 도착하자 이상한 기운이 든 김 씨는 딸과 사위를 앉혀놓고 다그치기 시작했다. 처음에는 말을 빙빙 돌리면 딸이 포기한 듯 꺼내놓은 말에 김 씨는 경악했다.

식당을 운영하던 딸과 사위는 휴일마다 강원랜드에 들락거렸는데 처음에는 소액으로 재미 삼아 게임을 하다 액수가 점차 늘면서 3억 원 가량의 식당 보증금을 다 까먹었다. 빚으로 인해 곧 집도 비워줘야 할 판이었다. 특히 다른 식당 주방에서 일하면서도 계속 도박에 빠져 사채까지 얻어쓰고 있었다.

김 씨는 '도대체 카지노가 뭔가?' 싶어서 난생처음 카지노에 발을 들였다. 처음에는 무엇이 도박에 빠지게 하는지 보려고 어깨 너머로 구경했지만, 곧 그도 서서히 게임에 몰입되었다. 수십만 원, 수백만 원짜리 잭폿이 터지는 걸 보면서 늪에 발이 빠지듯 빠져든 것이었다.

결국 그는 강원랜드에 첫발을 들인지 6개월여 만에 약 8,000만 원을 날리며 도박 중독자가 되었다. 도박에 빠진 가족을 구하러 갔다가 자신이 도박 중독의 늪에 빠진 사례였다.

도박 중독은 학력과 경력을 비롯해 생활 수준의 높고 낮음과 문화, 국적을 불문하고 찾아오는 불청객이다. 중국 국적 조선족 사례가 그러한 점을 방증해 준다.

돈을 벌러 한국에 온 중국 교포 40대 여성 류 씨는 생활력도 강했고 경제 관념도 철저했다. 특히 도박과는 한참 거리가 먼 사람으로 두 자녀를 키우며 나름 억척스레 열심히 살았던 주부기도 했다.

그러나 어느 날 우연히 바람이나 쐬러 가자는 동료의 말을 듣고 그와 함께 강원랜드에 방문한 게 불운의 도화선이 되었다. 그저 돈 버는 시간 외에는 심심하고 무료해서 그냥 시간이나 때우려고 간 것이었다.

류 씨는 처음에는 1만 원, 2만 원 소액으로 부담이 되지 않을 정도로 게임을 했다. 그런데 어쩌다 한 번 간 것이 한 달에 두세 번으로 규칙성을 띠면서 강원랜드에 가게 되었고, 급기야 일주일에 서너 번을 가게 되었고 방문 횟수와 머무는 시간도 급격하게 늘어났다. 베팅금액도 그에 비례하게 커진 것은 당연한 순서였다.

결국 몇 년간 중국에 있는 가족들을 위해 모은 돈은 단 3개월 만에 모두 날리고 류 씨는 빈털터리가 되었다. 설상가상으로 일자리에서도 쫓겨나 고시원을 전전하게 되었다. 더 심각한 것은 일에 대한 의욕을 잃고 잠자리에 누우면 슬롯머신 기계가 아른거려 도통 잠을 이루지 못하는 등 중독 증세가 더 심해져 간다는 사실이었다. 결국 그는 중국으로 돌아가기로 결정할 수밖에 없었다.

청주가 고향인 하 모 씨는 주먹 세계와 연예계에서 모를 사람이 없을 정도로 유명한 인사였다. 그는 강원랜드 VIP룸에서 6년이 넘도록 도박사로 명성을 높였던 인물이기도 했다. 청주지역의 갑부로 이름을 날리며 재산이 1,000억 원이 넘을 정도로 재력을 자랑했던 그는 예의가 바르고 대인관계가 원만해서 사람들의 인기를 끌었다.

2004년 여러 인맥과의 인연으로 강원랜드를 드나들기 시작한 하 씨는 불과 2~3년 만에 전 재산인 1,000억 원에 이르는 돈을 모두 날리는 신세가 됐다. 강원랜드 VIP명단에 있던 그가 하루아침에 빈손이 된 것이었다.

그러나 더 비극적인 일은 아직 끝나지 않았다. 전 재산을 탕진하고 VIP룸을 방황하던 그는 한 VIP고객 옆에서 대리 게임을 하다 고객 소유의 2,000만 원어치 칩을 챙겨 칩 절취 현행범으로 잡혀 강원랜드 영구 출입 정지를 당했다.

그 뒤 하 씨는 마카오로 날아가 도박을 해 그나마 남아있던 돈을 다 날렸고 한국인 꽁지에 1,500만 원을 빌려 다시 베팅했지만 모두 탕진하게 되었다. 그는 수중에 가진 게 없어 당장 빌린 돈을 갚지 못했고 채무 변제 요구를 받게 되는 수모를 당하자 자존심이 망가졌다.

한때 1,000억 원에 달하는 재력을 자랑하던 그가 푼돈에 불과한 1,500만 원을 갚지 못한 신세로 전락한 것이다. 그는 심리적으로 더는 그런 수모를 견디지 못해 그해 말 사북의 자그마한 아파트 거실에서 목을 매 파란만장한 생을 마감했다.

그 외에도 강원랜드에서는 기상천외한 일들이 지금까지도 벌어지고 있다. 전 재산을 잃고 홧김에 직원에게 욕설하거나 딜러 칩통을 걷어차는 일도 있고, 강원랜드를 폭파하겠다는 협박하는 사례도 종종 벌어진다. 거액의 돈을 베팅했다가 잃은 어떤 도박자는 청와대 홈페이지에 강원랜드를 폐쇄하는 국민청원을 올렸다가 무시당하자 대통령을 암살하겠다는 글을 인터넷에 올려 구속당하는 등 크고 작은 사건이 줄지어 일어나고 있다.

비영리단체
한국도박문제연구소
Korea Institute of Gambling Prevention

　　2009년 9월 6일 한국에 입국하여 오랫동안 가슴속에 응어리져
있는 문제를 해결하기 위해 도박문제연구소를 열었다.

　　도심 곳곳에 만연되어 있는 불법 도박장, 경마장 그리고 카지노
등의 실태를 조사했다.

　　승률로 보면 도저히 이길 수 없는 게임에 많은 사람들이 목을
매고 하는 이유는 도박에 대한 기초적인 이해가 없기 때문이다.

　　내 눈에 비친 나의 조국 대한민국은 불법 도박으로 얼룩져 곪아가
고 있었다.

사행산업통합감독위원회와 한국도박문제예방치유원

사행산업통합감독위원회의 노력

우리나라 사행산업의 통합적인 관리와 감독, 건전화를 이끌고 불법사행산업 근절을 위한 계획의 수립과 시행을 전담하는 대표적인 국가 기관이 바로 국무총리 산하의 '사행산업통합관리위원회(이하 '사감위')'이다.

사행산업이란 '이용자로부터 금품을 모아 우연의 결과에 따라 특정인에게 재산상의 이익을 제공하고 다른 참가자에게 손실을 주는 산업'을 통칭하며, 대표적으로 카지노업을 위시해 경마, 경륜, 경정, 복권사업 등이 이에 속한다.

'사감위'의 기능은 위의 기능 외에도 '사행산업 업종 간의 통합 또는 개별 사행산업 업종의 영업장의 수, 매출액 규모 등에 관한 총량의 적용 또는 조정, 계획수립 등이 필요한 경우로서 사행산업 관련 기관·단체 또는 개별 업계 등의 요청에 의한 협의·조정 또는 권고에 관한 사항'과 '사행산업 업종 간의 통합 또는 개별 사행산업 업종의 영업장의 수, 매출액 규모 등에 관한 총량의 적용 및 조정의 기준 등에 관한 구체적인 사항'이 포함된다.

또한 '과도한 사행심 유발 방지를 위해 사행산업 사업자에 대한 현장 실태 확인과 지도·감독에 관한 사항', '불법사행산업의 감시에 관한 사항', '사행산업 및 불법사행산업으로 인한 중독 및 도박 문제의 예방과 치유 등 사회적 부작용 해소를 위한 대책의 수립·시행에 관한 사항', '사행산업중독예방치유계정의 관리·운용에 관한 사항'이 대표적인 '사감위'의 존재 기능이다.

그 외에도 불법사행산업을 근절하는 데 필요한 조사연구와 평가에 관한 사항과 인식 제고 및 교육 프로그램 개발과 홍보, 청소년을 대상으로 한 도박 중독 예방 교육 시행 등 그 범위가 상당히 넓다.

'사감위'는 지난 2005~2006년 대한민국을 휩쓴 도박 게임인 '바다이야기'가 문제가 되면서 사행산업에 대해 통합적인 관리와 감독을 목적으로 2007년 9월 출범한 기구이다.

'사감위'의 관리대상인 사행산업에는 정부가 운영하는 카지노와 경마, 경륜, 경정, 복권, '스포츠토토'로 불리는 체육진흥투표권과 전통소싸움 등 7개 업종으로 모두 합법적인 사행산업이다. 그런데 이들 사행산업의 소관 부처는 제각기 따로여서 효율적 관리와 규제가 쉽지 않다.

불법사행산업 행위에 대한 단속은 검찰과 경찰 등 사법기관이 맡고 있는데 이마저도 인력의 부족과 여건의 미비로 단속조차 어려운 형편이라는 게 전문가들의 지적이다. 이러한 상황에서 '사감위'의 역할 재조정 문제와 더욱 실효성 있는 불법사행산업 근절을 위한 업무 조정 등의 의견도 오래전부터 제시되고 있다.

\<2023년 대한민국 사행산업 현황\>

(단위 : 억 원/%)

2023	카지노업		경마	경륜	경정	복권	체육진흥투표권	소싸움경기	계
	강원랜드	외국인전용카지노							
총매출액	13,202	14,070	65,007	16,416	6,514	67,517	61,367	227	244,364
(비중)	5.4	5.8	26.6	6.7	2.7	27.6	25.1	0.1	100
순매출액	13,202	14,070	17,442	4,589	1,819	32,612	22,487	76	106,297
(비중)	12.4	13.2	16.4	4.3	1.7	30.7	21.2	0.1	100
입장객수 (천 명)	2,413	2,067	10,400	2,538	1,220	-	-	296	18,934
1인당 평균베팅액 (만 원)	54.7	68	63	64.7	53	-	-	2.1	305.5
영업장 수	1	16	3	3	1	8,438	6,453	1	14,916
(장외발매소)	-	-	27	15	14	-	-	-	56
조세 / 국세	1,581	582	3,933	576	208	-	-	9.3	6,889.3
조세 / 지방세	138	159	9,407	2,319	912	-	-	34.4	12,969.4
조세 / 조세합계	1,719	741	13,340	2,895	1,120	-	-	44.7	19,859.7
조세 / 순매출액 대비 조세 기여율	13.01	5.3	76.5	63.1	61.6	-	-	58.8	278.31
기금 / 기금 계	3,031	1,344	694	321	134	30,447	18,580	-	54,551
기금 / 순매출액 대비 기금 기여율	22.9	9.6	4.0	7.0	7.4	93.4	82.6	0	51.3

(출처 : 사행산업통합감독위원회)

위에서 '사감위'의 기능을 소개했는데 이를 간략히 축약하면 불법 도박의 감시와 근절', '도박 중독자의 치료 및 치유', '도박의 예방' 등 세 가지로 구분해 볼 수 있다. 그러나 앞에서도 언급했듯 여러 가지 환경과 사정으로 세 가지 문제에 대한 실질적인 효과를 보지 못하고 있는 실정이다.

특히 '사감위'는 사행산업의 사회적 부작용을 최소화하고 산업의 건전한 발전을 견인하기 위해 일정 기간 유효하도록 설정한 사행산업의 상한 또는 최고한도를 의미하는 '사행산업 총량제'를 시행하고 있는데 이는 오히려 사행산업이 더 팽창하는 역효과를 내고 있다. 즉, 국내에서 도박할 수 없도록 억누르다 보니 우리나라 국민이 외국에 나가 도박하도록 부추기는 형국이 된 것이다.

직접 현장의 분위기를 알고 체감하는 이들은 '사감위'의 '사행산업 총량제'가 얼마나 비현실적인 탁상행정의 상징인지 잘 알고 있다. 지금도 강원랜드의 직원들은 볼멘소리로 말한다. "총량제로 매출을 제한한다면, 우리더러 일하라는 겁니까? 말라는 겁니까?" 라고.

우리나라는 서울을 비롯해 부산, 인천, 제주 등지에 약 17개의 카지노가 운영되고 있다. 내국인이 출입할 수 없는 외국인 전용 카지노로 운영된다. 이 가운데 유일하게 내국인의 출입이 허용되는 곳이 바로 '강원랜드'다.

기왕에 합법적으로 국내인들이 출입할 수 있는 카지노를 만들어 운영하는 현실이라면 외국과 비교해 전혀 차이가 없도록 정상적인 운영을 할 수 있도록 해야 할 것이다. 도박 중독 문제에 신경이 쓰이고 이를 예방하고자 한다면 '총량제'를 없애고 늘어난 매출의 큰 비중을, 도박 예방교육과 중독자 치료에 사용하고 좋은 일에 쓰면 될 것이다.

우리나라 국민이 도박으로 큰돈을 잃지 않게 하려는 취지는 좋으나 현실적으로 '총량제'를 통해 인간의 본성인 도박을 하겠다는 의지를 억지로 막는다면, 그 의지는 외국의 카지노로 눈길을 돌려 국부 유출이라는, 유쾌하지 않은 결과로 이어질 것은 불을 보듯 뻔하다.

2013년 8월 한국도박문제관리센터로 출범해 2022년 7월 현재의 이름으로 변경한 한국도박문제예방치유원은, 사행산업으로 인한 중독 및 도박 문제와 관련해 도박 중독의 예방과 치유, 재활 등의 사업과 활동을 위해 만들어진 정부 기관이다.

도박 중독 등 도박 문제 확산을 방지하기 위해 다양한 도박 중독 예방과 홍보, 도박 중독의 치유와 재활 서비스, 도박 문제 관련 연구와 이 분야의 전문인력 양성 등의 서비스를 제공하고 있다.

그러나 사행산업통합감독위원회를 비롯해 한국도박문제예방치 유원 등 정부 기관의 활동이 현재 우리나라 도박 중독 문제와 치료, 이에 대한 예방 교육을 함에 있어 나름 노력은 하고 있지만, 실효성 있는 효과는 거두고 있지 못하다는 게 중론이다.

그 이유는 여러 가지가 있겠지만, 필자는 본질적인 이유가 도박에 대한 전문지식과 경험이 부족한 탓에 있다고 생각한다. 이들 기관에서 도박 중독자에 대한 치료, 도박 중독의 예방 교육 등을 담당하는 이들은 정신과 의사와 심리학 교수, 정통 관료 출신 공직자 등으로 구성되어 있다. 그런데 이들 대부분은 도박에 대한 이론과 함께 학문적인 접근만 시도하지, 도박의 위험성이나 심각성에 대한 이해도는 너무도 떨어지는 것이 현실이다.

필자가 2009년 '도박문제연구소'를 개설해 활동하다 2011년 즈음 도박 중독자 치료 및 예방교육과 관련해 다양한 협의를 하기 위해 사행산업통합감독위원회를 찾아갔던 적이 있었다.

당시 사행산업통합감독위원장은, 보건복지부 장관을 거쳐 2009년도에 부임한 김성이 위원장이었는데, 필자의 프로 포커 선수 경력을 사행산업 방면의 전문가로 인정해 준 덕분에 그분과 저녁 식사를 하게 되는 기회를 얻었다. 그분과 식사를 함께하면서, 수십 년간 현장에서 느낀 도박의 위험성과 중독자 치료 문제, 도박 중독 예방 교육 등 현안에 관해 이야기를 나눴다.

김 위원장은 포커 세계 챔피언으로서 활약하면서 얻은 생생한 경험에서 나온 필자의 이야기를 접하고는 높은 관심을 가지고 경청하기 시작했다. 이야기가 무르익을수록 김 위원장께서 관심을 보이셨고 시간 가는 줄 모르고 도박 문제에 대한 견해를 피력하였다. 불법 도박과 도박 중독자의 치료 방법, 도박 예방에 관한 필자의 의견은, 바로 사행산업통합감독위원회를 총괄하는 그분이 다뤄야 할 핵심 업무와 일치했기 때문이었다. 6시에 시작한 저녁 만찬은 밤 10시가 지나 식당 영업시간이 끝났다는 독촉을 듣고서야 끝나게 되었다.

그날 만남을 끝내고 돌아가기 전 김 위원장은 뜻밖의 제안을 했다. 을지대학교에서 전국의 사행산업 관계자들이 모이는 자리에서 김 위원장이 강연하게 되어 있는데, 위원장 대신 강연을 해줬으면 좋겠다는 제안이었다. 필자는 흔쾌히 제안을 수락했다. 지난 수십 년간 카지노에서 경험했던 도박의 위험성과 평소 갖고 있던 도박 중독의 치료, 예방 교육 등에 대해 소신을 밝힐 기회였기 때문이었다.

그런데 문제가 생겼다. 지금은 한국도박문제예방치유원으로 바뀐 당시의 한국도박문제관리센터의 대학 심리학과 교수 출신인 센터장이 필자의 강연을 결사 반대한 것이었다. 필자가 도박하는 사람이라는 게 반대의 이유였다. 그는 필자를 '도박사'쯤으로 생각하고 있었음에 틀림없었다. 도박사가 어떻게 도박 치료와 예방 교육에 관한 강연을 할 수 있냐는 것이 그의 논리였다.

필자는 직접 센터장을 만나봐야겠다는 생각이 들어 센터로 찾아갔다. 사무실에서 만나자마자 그는 대뜸 "포커 선수라면서요?"라고 물었다. 현재 현역선수인데 강연에서 무슨 얘기를 하시려고 그러세요?"라고 퉁명스럽게 말하는 것이 아닌가.

그 순간 정신과 의사와 대학의 심리학 교수 등 전문가로 자처하는 사람들에게 포커 선수가 강연한다는 것이 그에게는 무척 자존심상하는 것일 수도 있음을 깨달았다.

그리하여 최대한 공손한 말투로 그에게 "센터장님께서 저의 을지대 강연을 반대하신다고 들었습니다. 그렇다면 제가 을지대 강연 전에 센터 직원들을 대상으로 먼저 강연한 후 직원들의 반응을 듣고, 그들이 반대하면 을지대 강연을 하지 않는 것으로 하면 어떨까요?"라고 제안했다. 그러자 센터장은 쾌히 승낙했다.

도박중독센터의 직원이 사무실에 20여 명 정도 보였는데 강연장에 들어서니 달랑 6명의 직원만이 앉아 있었다. 애초 단 한 명의 직원만 참석해도 강연을 하겠다는 각오로 제안했기에 성에는 차지 않지만, 도박 중독의 현실과 이 문제에 대한 해법 등 개인적으로 경험한 사례를 중심으로 성심성의껏 강연을 마쳤다. 센터장도 참석했으나 그는 강연을 시작하자마자 전화기를 들고 나갔다.

강연이 끝나고 이제 결정만 남았다. 강연을 들은 직원 중 단 한 사람만이라도 을지대 강연을 반대하면 김 위원장이 제안한 강연을 하지 않을 생각이었다. 나중에 알게 된 사실이지만 강연이 시작되기 전 센터장은 직원들에게 무조건 강연을 반대하도록 종용했다고 한다.

이윽고 자신을 과장이라고 소개한 한 여성이 필자가 대기 중이었던 휴게실로 들어왔다. 그녀는 "케빈송 선생님, 을지대 강연을 하셔도 될 것 같습니다. 도박 중독의 예방 교육 내용도 있고 더욱이 다른 강연에서는 들어볼 수 없는 생생한 체험 이야기가 있어 전문가들에게 많은 도움이 될 것 같습니다"라고 말하며 얼굴에 엷은 미소를 띠는 것이 아닌가.

결국 센터장도 직원들의 결정에 동의하게 되었다. 강연 당일, 필자 강연 이전에 먼저 현직 국회의원과 서울대 교수 등이 강연했는데 강연장 분위기가 많이 어수선했다. 심리학과 등 관련 전공 대학교수들을 비롯해 정신과 의사, 도박상담사 등 전국에서 모인 도박 관련 전문가 200여 명이 운집한 경연장에서 참석자들은 귓속말로 소곤거리거나 스마트폰을 만지작거리는 등 분위기가 산만했다. 아예 대놓고 잠을 자는 사람도 눈에 띄었다.

이런 분위기에서 어떻게 의미 있는 강연을 할 것인가 긴장되었다. 강연장은 영화관처럼 연단에만 밝은 조명이 켜져 있었고 단상 아래는 어두웠다. 필자의 강연 차례가 되자 관계자에게 강연장 전체에 조명을 켜고 단상을 치워달라고 부탁했다.

강연이 시작되고 한 5분 정도가 지나자 사람들이 일제히 집중하는 모습이 보여 더욱 진지한 태도로 성공적인 강연을 마칠 수 있었다. 포커 세계 챔피언이라는 필자의 이력과 생생한 강의 내용이 사람들의 관심을 끌기에 충분했었기 때문이었다.

을지대에 참석했던 많은 도박 전문가들도 태어나 처음 듣는 생생한 카지노 이야기와 도박 중독자의 사례에 눈과 귀를 열고 경청하는 모습을 보며 정부 기관들의 도박 문제에 대한 인식과 그에 대한 처방 등 활동이 현실과는 일정한 괴리가 있음을 절감할 수 있었으리라!

지난 2021년 여름 서울시 중구 퇴계로에 위치한 한국도박문제예방치유원을 방문했다. 사전 연락 없이 갑자기 방문한 것이었지만, 당시 문체부 출신 공봉석 국장께서 세계 포커 챔피언으로 카지노 분야 전문가라고 필자를 소개하자 반가이 맞아줬다. 공 국장은 곧바로 의사이자 치유원 원장으로 재직 중인 이홍식 원장을 소개해 줬다.

공 국장과 이 원장이 함께한 자리에서 도박에 대한 필자의 의견을 피력했더니 이 원장은 치유원 직원들에 대한 강연을 허락했다.

당시 치유원은 약 120여 명의 직원이 근무했지만 코로나 사태로 인한 거리두기로 인해 40명 정도만 참석한다고 했는데 강연장에 도착해보니 거의 80명이 넘는 직원이 자리를 같이했다.

직원들에게 투철한 직업의식을 가지고 지푸라기라도 잡는 심정으로 치유원을 찾아온 도박 중독자들에게 따뜻한 마음 자세로 대할 것을 당부했다. 도박 중독자가 치유원을 찾아왔을 때는 어쩌면 마지막 몸부림일지도 모른다고 강조하기도 했다.

모든 직원이 최선을 다해 중독자들을 치료하는 과정에서 단 한 사람이라도 도박으로 인해 자살로 이어질 수 있는 생명을 구할 수 있다면 정말로 보람되고 훌륭한 일이라고 역설했다. 더불어 국가가 운영하는 치유원이 얼마나 중요한 기관인지를 설명하는 동시에 도박 중독자 치료는 정말 큰 인내가 요구되는 일임을 강변했다.

그리고 근본적인 도박 중독자 치료를 위해서는 중독자들을 모아 합숙 훈련을 진행하는 것이 큰 효과를 거둘 수 있다는 점을 전문가적 입장에서 강조하는 것으로 강연을 마쳤다.

지금은 기존의 한국도박문제관리센터가 한국도박문제예방치유원으로 이름이 바뀌었고 예산 부족으로 직원 수가 줄어들었다고 한다. 당시 공 국장과 이 원장도 임기가 끝나 치유원을 떠났다.

필자는 오늘도 고심할 수밖에 없다. 또 다른 원장과 실무자가 그 자리에 부임해 업무를 새로 익힐 것이고, 그들과 또다시 만나 원점에서부터 도박의 문제점과 불법 도박의 근절, 중독자 치료와 예방 교육에 관해 설명해야 할 것이다. 이러한 상황은 사행산업통합감독위원회의 경우도 마찬가지다.

상황이 이러니 정부 기관에 종사하는 사람들에게만 도박 문제를 맡겨둘 수는 없다. 그들도 나름대로 소명 의식을 갖고 이 문제에 대처하기 위해 노력해왔지만, 여러 가지 여건상 한계를 가질 수밖에 없었고 실효성 있는 대안을 마련하지 못해왔던 것이었다.

도박 문제는 여러 차례 강조하지만, 아주 예민하고 심각한 문제이다. 이 분야 전문가로서 필자가 이리 뛰고 저리 뛰어봐도 갈 길은 멀고 아까운 시간만 흐르는 것 같아 그저 안타까울 따름이다.

사감위와 치유원도 놓치는 불법 도박
300조 원의 비밀

2024년 한 해 대한민국의 1년 예산은 656.6조 원이었다. 필자가 주장하는 연간 불법 도박의 규모 300조 원이 얼마나 큰지 가늠이 될 것이다. 우리나라 1년 예산의 절반이나 되니 말이다. 과연 300조 원이라는 상상도 하지 못하는 돈이 지하에서 불법적으로 세금 한 푼 내지 않고 유통된다는 사실이 놀랍지 않은가?

정부 부처나 사행산업통합감독위원회에서 발표한 자료를 참고하면 100조 원까지는 오랜 자료조사를 통해 파악하고 있었겠지만, 설마 300조 원까지는 예상치 못했으리라.

하지만 전 세계 카지노를 다니며 카지노 운영현황이나 시스템 전반에 풍부한 경험을 가진 필자는 자신 있게 우리나라 불법 도박의 규모가 300조 원이라고 주장할 수 있다. 정부가 발표하고 있는 불법 도박 매출 100조 원은 아주 오래전 발표된 자료에 근거하고 있다고 생각된다.

우리나라 국민이 해외로 나가 다른 나라의 카지노에 뿌리는 도박자금만 연간 50~100조 원에 이를 것이라 추정된다. 돈을 해외로 가지고 나가는 것은 법으로 금지되어있다.

미화 1만 달러 이상 외국으로 가지고 나가려면 공항에 반드시 신고하도록 규정하고 있다. 하지만 돈을 다른 나라로 빼돌리는 일은 그다지 어렵지 않게 할 수 있다. 환치기가 만연되어 있고 미리 해외 계좌로 송금하던지 현지에 가서 계좌이체로 현지 화폐로 맞교환하거나 하는 등등의 수법이 있다. 최근에는 비트코인의 등장으로 검은돈이 움직일 수 있게 되자 폭발적으로 인기가 좋아 시장 점유율이 높아져서 검은돈이 쉽게 지하경제를 움직이고 비트코인을 카지노에서 현지 화폐로 바로 쓸 수가 있게 되어있어 마음만 먹으면 얼마든지 돈을 빼돌릴 수 있어서 사법당국이 촉각을 곤두세우고 있지만 한계를 드러내고 있다.

최근 5~6년 사이 특히 코로나로 전 세계가 몸살을 앓았던 3년간 인터넷 라이브 도박 매출은, 오프라인의 카지노 영업장 매출을 뛰어넘었다. 이것은 실로 놀라운 변화로 불법도박이 300조가 될 것이라는 필자의 주장을 뒷받침한다.

전에는 업장의 매출만으로 유지되던 카지노가 온라인 라이브 도박으로 엄청난 수입을 올리면서 카지노 사업은 즐거운 비명을 지르고 있다. 이러한 사실은 불법 매출이 계속적으로 증가하는 요인이 되고 있는 것이다.

우리나라에서 인터넷 도박이 시작된 것은 1990년대 말쯤으로 거슬러 올라간다. 그로부터 인터넷의 확산과 기술의 발전과 함께 불법 인터넷 도박이 크게 확대되기 시작했다.

인터넷 도박은 직접 불법도박장에 가지 않고 집에서 또는 직장에서 언제 어느 때나 쉽게 도박을 가능케 함으로써 도박 중독에 빠질 확률을 높이며 인터넷 도박의 규모는 가히 상상을 초월할 만큼 비대해졌다.

세금 한 푼 내지 않는 불법 도박 조직은, 인터넷 도박을 합법화한 나라에서 정식 허가를 내고 서버를 설치한 후 도박을 금지하는 우리나라 국민을 대상으로 파고들었다. 이들 불법 도박 조직은 막대한 자금력을 바탕으로 사람들을 끌어모아 불법 인터넷 도박을 통해 어마어마한 부를 축적해왔고 지금도 엄청난 돈을 쓸어 담고 있다.

인터넷 도박은 사실 조작이 가능하다. 불법 도박 조직을 운영하는 사람들은, 컴퓨터 엔지니어를 고용해 승부를 조작함으로써 큰돈을 베팅해 일확천금을 노리는 인터넷 도박자들에게 엄청난 손해를 입히고 있다.

그러나 세상에 비밀이 없듯, 이러한 조작 행위들이 세간에 알려지면서 불법 도박 조직의 매출 성장세가 주춤해지는 듯했으나 2000년 초반부터 새로운 형태의 인터넷 도박이 사람들을 유혹하고 있다. 공권력이 강한 우리나라의 검경을 비웃기라도 하는 듯, 이미 수천억 원, 아니 그 이상 조 단위의 막대한 돈을 벌어들이고 있다.

그 새로운 형태의 도박 시스템은 '인터넷 라이브 도박'이라는 획기적인 방식이다. 이 방식은 조작이 가능한 기존의 인터넷 도박과는 본질적으로 다른 방식으로, 본인이 직접 카지노 현장에 있는듯한 기시감을 불러일으키는 시스템이라고 할 수 있다. 즉, 라이브 도박장은 본인이 직접 마카오나 필리핀의 카지노에 가지 않아도 누군가 현지에서 자신을 대신해 베팅해주는 대리인을 세워 게임을 할 수 있도록 했다.

가령 도박하는 사람이 한국에서 마카오 카지노의 바카라 도박장 대리인에게 10만 원을 뱅커에 베팅하도록 지시하면 그 대리인이 현장에서 10만 원을 베팅하는 것이다. 이러한 장면을 실시간으로 현장의 고성능 카메라를 통해 현장 중계하면서 게임이 이뤄지는 것이다. 이는 승부 조작이 가능한 인터넷 도박의 문제점을 극복한 것으로써, 이런 맹점이 사라지자 전 세계로 급속하게 퍼졌다.

라이브 도박은 도박하는 사람이 실시간 라이브가 맞는지 확인도 가능하다. 카지노에 베팅하는 대리인에게 컴퓨터 화면상으로 확인할 수 있도록 기지개를 켜거나 손을 흔드는 등의 행동을 지시할 수 있기 때문이다. 카지노에 직접 방문해 게임을 하는 것과 동일하고 승부 조작을 원천적으로 할 수 없는 시스템이었기에 인터넷 라이브 도박의 규모는 급속도로 커졌다.

현재 필리핀과 마카오를 비롯한 수많은 국가의 카지노에서 인터넷 바카라를 즐길 수 있도록 라이브 도박장을 열어 운영하고 있으며 엄청난 매출을 올리고 있는 상황이다.

최근 세계적으로 코로나가 기승을 부리는 팬데믹 국면에서 사람들이 여행길이 막히고 집에서 지내는 시간이 늘어나자 오히려 라이브 바카라에 도박자들이 몰리며 실제 카지노 매출을 능가하는, 그야말로 우려스러운 일이 벌어지고 있다.

집에서 직장에서 이뤄지는 불법 인터넷 도박은 공권력이 미치지 못하는 영역에 있다. 많은 수사관을 동원해 검경이 불법 인터넷 도박을 하는 사람을 잡을 순 있다 할지라도, 인터넷 도박장을 개설한 조직과 주체는 그림자조차 좇을 수 없는 것이 현실이다.

그나마 장시간 어렵게 수사해 조직을 일망타진한다고 하더라도 우리 법체계에서는 솜방망이 처벌이 내려질 뿐이다. 불법 인터넷 도박장의 실제 오너들은 가면을 쓰고 교묘히 법체계를 비웃으며 재벌이나 왕족처럼 부와 권력을 누리고 있다.

정부는 이런 불법 도박으로부터 국민의 재산을 보호할 책임이 있음에도 불구하고 근본적인 대책과 해법을 내놓지 못하고 있으며, 국민의 대표인 국회의원들조차 문제 해결을 위해 발 벗고 나서는 이가 단 한 사람도 없는 것이 오늘날 우리의 현실이다.

〈온라인 불법도박 단속 건수〉

연도	2018	2019	2020	2021	2022
단속 건수	25,521	16,476	20,928	18,942	26,957

(출처 : 경찰청)

사행산업통합감독위원회의 자료에 따르면 2018년부터 2022년까지 5년간 온-오프라인 불법도박 단속 건수가 10만 9,871건으로, 이중 온라인 불법도박 단속만 99%인 10만 8,824건에 이르는 것으로 나타났다.

이러한 불법도박 단속 결과는 불법사행산업이 오프라인 중심에서 온라인으로 옮겨졌다는 것을 알 수 있다.

그렇다면 왜 불법 도박 시장이 확대됐을까. 코로나 팬데믹으로 인한 경기 침체로 '요행'에 의존하려는 대중의 심리와 비대면 시장이 퍼진 것이 결정적이었다. 스마트폰, 인터넷 등을 플랫폼으로 한 불법 시장은 향후 더 커질 것으로 전문가들은 예상한다.

2020년 여름 필리핀 마닐라의 '리조트월드 카지노'에 방문했을 때의 일이다. 넓은 카지노 한쪽에 있는 바에서 잘 아는 후배와 식사 후 가볍게 맥주를 마시고 있었다.

후배가 지인인듯한 다른 자리의 한국인들에게 반갑게 인사를 나눴고 같이 합석하게 되었다. 두 사람이었는데 한 사람은 회장님으로 불린 나이 지긋한 신사였고 다른 사람은 그의 비서였다.

서로 인사를 나누고 가벼운 대화를 이어갔는데 회장이라는 50대 후반의 사람은 엄청난 재력가이며 그 돈은 과거 2000년대 초반 우리나라를 뒤흔들었던 '바다이야기'로 수백억 원의 재산을 모았다는 이야기를 귓속말로 전해들었다.

그 회장이라는 사람은 수백억 원의 큰돈에 만족할 수 없었는지 캄보디아에 들어가 카지노를 인수해 사업을 하겠다는 것이었다. 그런데 자세히 얘기를 들어보니 캄보디아에서 차리려는 카지노 사업은 온라인 라이브 사업으로 한국인을 대상으로 한 불법 도박사업이었다.

'바다이야기'로 벌어들인 수백억 원으로 평생 떵떵거리면서 노후를 즐기며 살 수 있을 텐데 또다시 불법 카지노 사업으로 한국인들을 말아먹으려 든다니 참으로 어이가 없었고 기가 막힐 노릇이었다. 이처럼 불법 도박을 획책하는 이들은 '인면수심(人面獸心)'을 지닌 채 우리 주위를 어슬렁거리며 삼킬 대상을 물색하고 있다.

우리나라 사법 체계를 비웃기라도 하듯, 국가에 세금 한 푼 내지 않고 명품으로 온몸을 치장한 채 가면 속에 추악한 모습을 숨기고 있는 회장이라는 인간의 기름기 가득한 얼굴에, 그 순간 마시고 있던 맥주를 부어버리고 싶은 충동을 간신히 참았다. 원래 프로 포커 선수는 참는데 선수 아니겠는가.

우리나라 입법기관인 국회와 국민의 대표인 300명 국회의원은 이와 같은 엄중한 사실을 인정하고 300조 원에 이르는 불법 자금을 수면 위로 끌어올리기 위한 특단의 대처방안을 제시해야 할 것이다.
'도박'이라는 단어조차도 언급하기 꺼리는 우리 사회의 분위기 속에서 불법 도박 매출이 국가 예산의 절반에 달할 정도로 그 규모가 커지고 계속 팽창해가고 있는 현실에 이에 대한 경각심을 갖고 이를 파헤쳐 해결하려는 국회의원 한 사람이 없다는 현실은 너무나도 안타깝고 위태로워 보인다.

범국민적 정서에 반하는 민감한 사항이기에 이 문제에 손을 댔다가 자칫 다음 국회의원 총선거에서 불리하게 작용할 것을 염려하게 되어 방치하고 있는 것은 아닌지 그들 스스로 자문해 볼 필요가 있다.

미국 카지노에서 내가 살아왔던 길

잡초처럼 살아온 나, 애초 잃을 것이
없었기에 가능했던 챔피언

1981년 11월, 필자를 태운 비행기는 로스앤젤레스 국제공항에 도착했다. 군에서 제대한 직후 '기회의 땅'으로 불렸던 미국으로 가기 위해 몇 가지 간단한 준비만 거친 뒤 무작정 한국을 떠난 것이었다.

지갑에는 20달러짜리 지폐 다섯 장, 단돈 100달러뿐이었다. 어머니에게 받은 돈과 필자가 모은 돈에서 비행깃삯을 제하고 난 후 남은 돈이었다. 필자의 미국 생활은 그렇게 빈털터리로 시작되었다.

11남매의 막내로 태어나, 아버지와 작은형의 사업 부도로 집안이 어려워지면서 곤궁한 삶을 이어 온 필자는 미국에서 제2의 삶을 꿈꾸고 있었다. 그러나 마땅한 기술도 없고 자본도 없었던 미국은 기회의 땅은 아니었다.

생계를 위해 일당 25달러짜리 막노동판을 전전했으며 밤에는 나이트클럽 DJ 생활을 하며 열심히 살았다. 주말 낮에는 워커맨

세일즈까지 3중 생활을 하며 혼신의 힘을 다했다.

하지만 미국에 도착한 후부터 미국에서 살려면 반드시 영어를 해야 했기에 영어 공부를 게을리하지 않았으며 그 노력이 헛되지 않아 뉴욕에 위치한 부동산회사에 취직했고 천신만고 끝에 '브로커' 시험에 합격해 부동산 중개인으로 활동할 수 있었다.

이후 회사를 차려 사업을 시작했지만 부동산 시장의 침체와 법적 분쟁이 겹치며 파산했고 다시 빈털터리가 되었다.

뉴욕에서의 사업 실패 후 암중모색하던 필자는 다시 심기일전해 부동산 금융회사에 취업했다. 그러던 중 운명을 바꿔버린 사건이 발생했다. 2,000달러를 주고 산 중고 자동차를 도난당한 것이다.

미국에서는 차가 없으면 일을 할 수 없었다. 우리나라는 대중교통이 발달되어 차가 없어도 되지만 미국에서의 대중 교통수단은 알코올중독자나 운전을 할 수 없는 노약자가 이용하기에는 수요가 얼마 되지 않아 버스를 타려면 많은 시간을 허비해야 한다.

차를 살 돈이 없어 절망하며 밤새도록 고민했지만 달리 길이 보이지 않았고 다시 막노동판으로 가기는 죽기보다 싫었다. 자포자기 상태로 1,200달러가 남은 통장에서 1,000달러를 인출해 로스앤젤레스 근처 카지노로 향했다.

포커의 '족보' 정도만 알고 있던 필자는 카지노에서 오랫동안 망설였지만 이판사판의 심정으로 포커 테이블에 앉았다. 그런데 앉는 순간 왠지 아주 편안하고 안정감이 느껴졌다. 아주 평범한 의자였는데 의외였다.

그리고는 포커게임에 빠져들었다. 게임의 룰조차 몰랐지만 사람들의 게임을 주시하면서 베팅을 하고 레이즈를 하며 어떻게 이기는지 집중하게 되었다. 카지노에서 무료로 주는 샌드위치를 먹으며 얼마나 포커게임에 몰입해있었는지 전혀 피곤함을 느끼지 못한 채 3일 밤낮을 포커 게임에 빠진 결과 원금에 8배에 달하는 8,000달러를 땄다. 두근거리는 가슴을 안고 집으로 돌아와 믿기지 않는 현실에 놀라움을 금치 못했다. 포커 테이블에 앉았을 때의 편안감은 기적을 예고한 것이었던 걸까? 필자의 인생이 바뀌는 순간이었다. 그 후부터 3,000달러짜리 중고차를 사고 월요일에서 금요일까지는 회사에서 일을 하고, 토요일과 일요일은 카지노에서 포커게임을 하게 되었다.

그렇게 카지노에 발을 들인 후 프로 포커 선수가 되었고 1994년 세계 대회에 첫 출전을 했다. 이윽고 3년 후인 1997년 4월, 호슈 호텔 카지노에서 열린 '세계 포커대회' '리밋 홀덤' 부문에서 우승하며 세계 챔피언이 됐다. 그해에 동시에 열린 '명예의 전당(Hall of Fame) 노리밋 홀덤' 챔피언십대회를 우승했는데 이 대회는 1997년을 마지막으로 더 이상 대회를 열지 않아 필자는 불멸의 챔피언이라는 호칭을 갖게 되었다.

필자는 한 해에 '리밋' 부문과 '노리밋' 부문을 동시에 우승한 유일한 선수가 됐다. 프로 포커 선수로 데뷔 이후 30여 년 동안 매 순간 고독한 길을 홀로 걸으며 고행을 이어왔다.

간략히 소개했지만 이렇듯 필자의 삶은 잡초와도 같은, 파란만장한 인생이었다. 미국에 건너오기 전 한국에서의 삶은 물론이고 미국에서의 삶도 고단했다. 더욱이 프로 포커 선수로 데뷔한 이후의 삶 또한 고독한 승부사의 길이었다. 프로 포커 선수로 활동하면서 늘 마음에 품고 있던 생각은 '나는 이겨야 한다'는 것이었다. 게임의 성공 여하에 따라 가족의 생계가 결정되기 때문이었다.

필자의 아내는 평생을 전업주부로 살았다. 돈을 벌기 위해 일을 하거나 직업을 가져 본 적이 없었다. 아내와의 만남은 '필연'이었다고 생각한다. 한 달가량 미국에 놀러 왔다가 지인의 소개로 필자와 만난 아내는, 11남매의 막내였지만 그 당시 외로움 속에서 허덕이며 살아온 필자에게는 '구원의 여신'이나 다름없었다.

산전수전 다 겪은 남자와 온실 속에서 아무런 걱정 없이 화초처럼 고이 자란 여자의 결혼생활은 그렇게 시작되었다. 주위 환경의 영향으로 늘 긴장하며 경직된 삶을 살던 필자와는 상반되게 매사에 긍정적이며 단순하고 밝았던 아내의 성격은 어두움을 물리치는 데 탁월한 치료제였다.

그처럼 긍정적이고 단순한 성격을 가진 아내에게 며칠을 심사숙고한 후 "프로 포커 선수가 되면 어떨까?"라며 어렵게 질문을 꺼냈다. 놀랍게도 아내는 단숨에 밝고 명쾌한 목소리로 "OK"를 외쳤다. 평생을 함께할 사람이 포커 선수 생활로의 진로에 대해 받아들인 것이었다. 그 길로 프로 포커 선수가 되었다.

아내의 처지에서 보면 남편이 아침에 출근해 저녁마다 파김치가 되어 퇴근하면서 회사에 매어 사는 것보다는, 24시간 아무 때나

가고 싶으면 가고, 말고 싶으면 마는 자유롭게 생활하는 프로 포커가 되는 것이 더 좋아 보였을 것이다.

신혼여행 길에서 아내와 약속한 것이 있다. 생활비는 내가 벌 테니 아내는 일하지 말고 가정을 살피라고. 그 대신 내가 돈을 많이 벌어오든, 적게 벌어오든 불평하지 말고 벌어다 준 돈으로 생활하라고. 결혼 30여 년이 지난 지금까지도 이 아내와의 약속은 지켜지고 있다.

필자는 최근 스스로 삶을 되돌아보는 일이 잦아졌다. 한국에서 보낸 어린 시절과 군 생활, 단돈 100달러를 쥐고 미국에 건너와 생활 전선에 뛰어들어 돈을 벌던 일, 우연한 기회에 카지노에 발을 들이고 프로 포커 선수로 입문해 고독한 승부사로 살아온 인생. 절대로 쉽지만은 않았던 삶이었다. 특히 포커 선수로서 걸어온 삶은 매 순간 피를 말리는 긴장감으로 버텨 온 시간이었다.

세상에는 하고많은 직업들이 있다. 다양한 직업을 갖고 일을 하며 저마다 각양각색의 삶을 영위하면서 희로애락을 겪고 생로병사의 과정을 거쳐 마침내 죽음에 이르는 것이 인간이다. 그리고 누구나 할 것 없이 돈을 버는 일에는 정신노동이든, 육체노동이든 수고를 해야 먹고 살 수 있다. 프로 포커 선수로 살아온 필자의 직업에 대해 보는 사람에 따라 상반되는, 정반대의 평가를 하기도 한다.

언젠가 아내가 다음과 같은 말을 건넨 적이 있었다. 무척 황당했던 말이었으나 이내 고개를 끄덕일 수밖에 없었다. 하나도 틀리지 않는 말이었기 때문이었다.

"세상의 여러 직업 가운데 당신의 직업이 가장 끝내주는 최고의 직업일 것이다. 단, 지지만 않는다면……."

프로 포커 선수처럼 미국에서 스포트라이트를 받는 직업은 그리 많지 않을 것이다. 영화나 드라마에서 자주 주인공으로 등장하는 인물 가운데 프로도박사들이 많으며 한때 전성기를 이뤘던 홍콩영화의 중요한 장면은 대부분 카지노에서 이뤄졌다. 그만큼 프로 포커 선수라는 직업은 화려하다.

그러나 프로 포커 선수라는 직업의 생명은 엄청나게 짧다. 길어야 5~10년 정도이고 1년 안에 현장에서 밀려나는 이들이 대부분이다.

필자는 1980년대 초반 처음 카지노에 발을 들여 포커를 치기 시작해 프로 포커 선수가 되었고 1997년 세계 대회에서 우승한 이래 지금까지 현역 프로 포커 선수로 종횡무진 활동해왔다.

여태까지 많은 사람이 도박해서 전 재산을 날리고 또 지금도 돈을 잃고 패가망신하고 있다. 프로도박사로 활동한 이들도 길어야 10년 활동을 하지만 그들도 모두 포커의 세계에서 몰락하고 이름조차 잊혀 버렸다. 이 비정한 세계에서 카지노의 모든 게임을 접하며 그 아비규환의 카지노에서 살아남는다는 것은 기적에 가깝다.

그렇다면 필자는 어떻게 라스베이거스 카지노에서 30년 이상 오랜 선수 생명을 유지하며 견뎌낼 수 있었을까? 밟아도 밟아도 다시 살아나는 잡초처럼 포기를 모르는 승부사의 정신력으로 살아온 필자의 삶 자체가 아마도 카지노의 세계에서 오랜 시간을 견딜 수 있었던 토대이자 자양분이 아니었나 싶다.

필자의 삶은 정말로 파란만장했다. 얼마나 많은 시련과 고통을 홀로 견디며 감수해왔던가. 진정으로 외로운 고행길이나 다름없었다. 중요한 판단의 순간, 승패가 갈리는 지점에서는 오로지 혼자 판단하고 감행해야 했다. 그 누구도 도와줄 수 없었다. 혹독한 자기관리와 철저한 계획에 따라 자신과 끊임없는 싸움을 이어와야 했던 것이었다.

오로지 고통은 필자 자신의 몫이었다. 카지노에서 나와 집으로 가면 그 고통과 외로움을 숨기고 여느 남편과 아버지처럼 웃어야 했다.

다른 포커 선수들과 비교해 나은 점이 있다거나 머리가 좋은 것도 아니었다. 단 포커를 칠 때마다 늘 전쟁에 임하는 장수의 마음으로 임했다. 좋은 성적을 거두어도, 세계 챔피언에 올라도 절대 안주하지 않았다. 그것이 그 험한 카지노 세계에서 살아남은 이유라고 생각한다.

특히 어려움에 부닥칠 때마다, 그로 인해 고통을 맛볼 때마다 그 어려움과 고통이 그냥 오는 것이 아니라고 생각했다. 이 어려움과 고통을 통해 자신이 뭔가를 발견하고 이를 계기로 성장과 발전을 이룰 수 있는 모멘텀을 만들어야 한다는 자기암시를 끝없이 했다.

평소 팬들에게 사인 요청을 받곤 하는데 그때마다 '내게 오늘 어떤 일이 생길지라도 나는 웃음을 잃지 않겠다'라고 써준다. 고난과 역경, 어려움과 고통이 오는 것은 하느님이 내게 뭔가 암시하거나 발전과 성장을 이루도록 시험하는 것으로 생각하니 웃지 않을 수 없는 것이다.

예를 들어 허기가 져 배가 심하게 고플 때도 힘들어하기보다는 그 허기를 즐긴다. 지금이 바로 살이 빠지는 순간이구나, 하는 마음으로 말이다. 생각은 많은 걸 바꾼다. 생각이 바뀌면 인생이 바뀌게 마련이다. 그런 '생각 바꾸기'로 필자는 빈손으로 혈혈단신 미국에 건너가 프로 포커 선수가 되었고 세계 챔피언에 올랐으며 30년 넘게 카지노 세계의 유일한 승자로 남았다.

다시 태어난다면 포커 선수가 되지 않을 것

필자는 프로 포커 선수이다. 프로 포커 선수의 눈으로 본 포커는 확실히 확률 게임이다. 하지만 포커 게임을 할 때 확률계산은 필수적이면서도 기본적인 요소일 뿐이다. 대부분 사람이 포커 게임을 할 때 좋은 카드로 대결하면 승리할 확률이 높을 것이라고 단순히 생각한다. 그러나 현실은 그렇지 않다.

전 세계적으로 포커 인구는 상상을 불허할 만큼 급증하고 있다. 인터넷 정보에 의하면, 세계포커대회 또는 각종 국제 포커경기나 대회에서 상금을 받은 사람의 수가 24년 10월 2일 현재 866,103명이다. 일반적으로 포커 계에서는 포커대회에서 상금을 받으면 일단 '프로선수'로 간주한다. 적어도 포커대회에 참가할 정도의 수준이면 포커 게임에 출중한 사람이고 대회에 참가한 선수 중 단 10~15%만이 상금을 거머쥘 수 있으므로 80만 명의 상금을 받은 사람은 그 실력을 어느 정도 인정받았다고 할 수 있다.

하지만 진정한 포커 프로의 세계에서는 그 80만 명 가운데 0.1~0.2%, 즉 1,000여 명 정도를 진정한 프로로 인정한다.

필자가 고국인 한국을 방문해 사람들을 만나 프로 포커 선수라는 직업을 밝히면 대부분 '도박사'로 인식한다. 프로 포커 선수는 카지노에서 카지노를 상대로 싸우는 것이 아니라 손님들끼리 승부를 가려 돈을 벌지만, 도박사는 카지노를 상대로 싸운다. 도박사의 사전적 정의는 '돈이나 재물을 걸고 도박을 하는 사람'으로 규정된다. 포커를 도박으로만 인식하는 우리나라의 상황으로서는 그런 오해도 무리는 아니다.

그래서 프로 포커 선수와 도박사는 질적으로 완전히 다른 개념이다. 우리나라에서와는 달리 포커는 미국에서 두뇌 스포츠로 인정받고 있다. 공인된 세계포커대회가 2024년 기준으로 55년째 개최되고 있으며 1990년대 말부터 스포츠 채널인 ESPN에서 포커가 공식적인 스포츠 경기로 인정받아 TV 방영을 시작하면서 엄청난 인기를 끌어모았다.

물론 우리나라 국민의 상식으로 보면 포커는 도박의 일종일 수는 있다. 또한 포커가 도박성이 짙은 게임인 것은 사실이다. 포커 게임을 할 때 실력을 갖추지 않은 상태로 요행만 바라며 베팅한다면 도박으로 간주할 수 있기 때문이다.

하지만 만약 필자가 불확실성을 바탕으로 베팅해 게임에 임했다면 벌써 오래전에 파산했을 것이다. 그러나 필자는 도박한 것이 아니라 치밀한 계산과 수 싸움은 물론이고 태산과 같은 엄청난 평정심을 통해서 승률을 올려 온 것이라 할 수 있다.

프로 포커 선수의 삶은 마치 낭떠러지 위에 걸쳐진 외나무다리를 위태롭게 걷는 것과 같다고도 할 수 있다. 포커 게임을 할 때 좋은 컨디션을 유지하려는 노력을 게을리하지 않는다. 일단 포커판에 앉으면 몸속의 모든 세포조직을 포커판에 집중한다.

상대의 장단점을 파악하는 것은 물론 게임의 흐름과 패턴을 정확히 읽어내야 한다. 동시에 누가 이기고 누가 지고 있는지 정확한 판단을 해야 한다. 가장 중요한 것은 그날 자신의 포커 게임 흐름이다. 좋은 패의 카드가 들어올 수도 있고, 계속해서 나쁜 패의 카드가 들어올 수도 있다. 좋은 패의 카드가 들어오지 않는 것은 그리 큰 문제가 되지 않는다. 차분한 마음으로 싸울 수 있는 카드를 기다리며 인내하는 것은 프로 포커 선수가 갖춰야 할 필수적인 자세이다.

문제가 되는 것은 좋은 패의 카드로 승부를 걸었는데 이쪽의 카드보다도 좋지 않은 패의 카드에 마지막에 가서 역전패를 당하는 것이다. 이럴 때는 미련을 두지 말고 포커판을 즉시 떠나야 한다. 지고 있는 게임에 연연하게 되면 더 큰 손실을 보게 된다.

카지노는 연중무휴 24시간 운영되므로 언제든 다시 찾아와 게임을 할 수 있는 곳이다. 지는 게임, 풀리지 않는 게임판에 연연해 계속 손실이 커지는 자리에서는 망설일 필요가 없이 그냥 자리를 뜨면 그만이다. 그러나 이 단순하고 쉬운 논리가 포커 선수들에게 생각보다 쉽게 적용되지 않는 게 현실이다.

지고 있는 게임에서 역전을 하기는 쉽지 않다는 게 필자의 생각이다. 카지노에서 필자의 승률은 대략 60~65% 수준을 유지하는데

이 승률은 매일 기록하는 포커 일지를 1년 평균으로 계산한 비율이다. 이 정도의 승률을 유지하기 위해 엄청난 노력을 기울인다.

특히 포커판에서 좋은 패가 들어오지 않으면 몇 시간이고 인내심을 갖고 기다린다. 이는 많은 고통과 조바심을 요구하지만, 오랫동안 단련된 탓에 견뎌낼 수 있는 저력이 있다.

카드가 잘 되고 승승장구할 때는 누구나 잘할 수 있다. 그러나 카드가 잘되지 않을 때 어떤 자세로 게임에 임하느냐가 포커 선수의 생명과 직결된다.

지난 30년 동안 필자는 미국의 라스베이거스 카지노 계에서 수많은 경기를 치르며 세계 최고의 프로 포커 선수로 왕성하게 활동해왔다. 세계 최고의 내로라하는 프로도박사들이 모여드는 라스베이거스의 카지노에서 도태되지 않고 살아남으려면, 타고난 기질과 함께 수많은 승부를 통해 획득한 경험을 바탕으로 게임에 임해야 한다. 특히 뛰어난 동물적인 감각은 필수적으로 지녀야 할 덕목이기에 고도의 집중력이 요구된다.

프로선수마다 각각 지닌 감각의 크기나 모양은 다를지라도 그것을 이용하는 노하우와 그 동물적인 감각을 갖추기 위한 부단한 노력과 처절한 몸부림은 별로 차이가 나지 않는다. 이는 필자도 다르지 않다.

보통 필자의 지인이나 일반인들이 갖는 억측이 있다. 필자와 같은 세계 챔피언들은 포커를 칠 때 거의 전승을 하거나 90% 이상의 승률을 갖는 줄 알고 있다. 필자의 집 서재에 가득 들어찬 우승 트로피를 보며 이런 억측은 더욱 견고해진다.

물론 다른 프로 포커선수들보다 승률도 높고 승리를 하는 경우가 더 많을 것이다. 하지만 그에 못지않게 패배를 당하는 경우도 많다. 항상 이길 수만은 없다. 시합에 질 때도 있으며 일반 캐시 게임에서 질 때도 있다. 그때는 필자도 엄청난 패배감에 몸서리치게 된다.

그렇지만 패배의 쓴맛과 승리를 위한 노력 중에 발생하는 고뇌와 고통은 오로지 자신 혼자만의 몫이다. 게임에서 패배해 큰돈을 잃고 오거나 시합에서 전패했을 때도 그 고통이 아내에게 혹은 가족에게 전염되지 않게 하려고 애를 쓴다. 되도록 집에서는 웃는 낯으로 가족들을 대하고, 남편과 아버지의 역할에 충실하기 위해 노력한다. 집에 와서는 모든 것을 잊고, 평범한 가장으로서 한 여자의 남편과 아이들의 아버지로 돌아가는 것이다.

그리고는 가족 모두가 곤히 잠든 새벽에 홀로 조용히 일어나 서재에 들어가 패배의 원인과 자신이 구사한 작전에 대해 곰곰이 복기한다. 셀 수도 없는 많은 날, 얼마나 많은 밤들을 그렇게 자신을 몰아치며 지새웠던가. 얼마나 많은 회한과 자책감으로 괴로워했던 가.

엄청난 상금과 언론의 스포트라이트, 고급스러운 호텔과 카지노 의 환대 등 세계적인 포커 선수로서의 화려한 삶에 대해 남들은 부러운 눈으로 볼지 모르겠으나, 화려해 보이는 모습의 이면에는 엄청난 고뇌와 감정노동으로 얼룩진 어둠이 도사리고 있는 것이 사실이다.

가끔 프로 포커 선수가 되겠다며 어떻게 하면 될 수 있는지 방법을 듣기 위해 연락해오는 젊은이들이 있다. 출중한 실력이나 타고난 재능이 있다고 모두 프로 포커 선수가 될 수 있는 것은 아니다.

타고난 재능과 뛰어난 정신력을 갖춘 이라 할지라도 기회가 올 때까지 인내하고 기다릴 줄 아는 인고의 자세, 냉혹한 승부의 세계에서 초연한 마음을 유지할 수 있는 평정심을 가져야 한다.

어쩌면 당연한 말일는지 모르겠지만, 다시 태어난다면 절대로 포커 선수가 되지 않을 것이다. 애초부터 프로 포커 선수가 되기 위한 목적으로 준비하거나 이 직업을 꿈꾸던 사람이 아니었다. 포커는 인생의 막다른 골목에 운명처럼 다가온 존재였다.

프로 포커 선수의 삶은 일반인이 생각하는 것 이상으로 버거우며 절대 녹록지 않다. 모든 것을 걸어야 하고 모든 승패에 대해 무한 책임이 있으며 모든 것을 혼자 결정하고 혼자서 감행해야 한다. 10년, 20년 아니 30년을 수련한 거의 도인의 경지에 이를 정도가 되어야 한다.

포커를 접한 이후 40년이 넘게, 프로 포커 선수로는 30년 이상 포커를 치면서 절대 속마음까지 나눌 수 있는 친구를 만들지 않으려 애를 썼다. 오랫동안 전 세계를 돌며 프로 포커 선수로 살아가면 세계 포커대회나 카지노에서 자주 만나게 되는 프로 포커 선수들이 있다.

위에서도 언급했듯 프로 포커 선수의 길은 무척 외롭고 고독한 길이다. 그 때문에 자주 만나는 프로 포커 선수들과 많은 면에서 동질감을 느낀다. 때로는 그들과 어울리며 밥도 먹고 술도 마시게 된다. 그렇게 몇 차례 함께 하면 마음도 열리고 스스로 세운 빗장도 열게 된다. 그런데 프로 포커 선수에게는 그런 모습이 큰 독이 될 수 있다.

프로 포커 선수의 삶은 외롭고 힘든 자신과의 싸움의 연속이기에 자칫 그런 방식으로 마음을 열면 경쟁자에게 패를 보이게 될지도 모른다. 그래서 필자는 가능한 한 프로 포커 선수들과 함께 식사한다거나 술을 마시지 않으려 노력한다. 심지어 커피나 가벼운 차를 마시는 것조차 피한다.

냉혹한 승부의 세계에서 냉정한 정신과 마음을 유지하기 위해서는 조금이라도 사사로운 감정에 휩싸이거나 흐트러진 자세를 보이는 것은 매우 치명적이다. 불가피하게 프로도박사들과 자리를 해야 할 일이 생겨도 '심리적 거리두기'를 철칙으로 여기며 늘 경계한다.

필자는 세계 포커대회가 열릴 때나 포커 경기를 위해 카지노로 향할 때마다, 카지노를 가리키는 큰 간판이 보이는 고속도로에서부터 가슴이 가빠온다. 심리적 요동이 생기는 것으로, 그러한 긴장감이 엄습해 오며 온몸이 경직되면서 '1,000명이 저 카지노에 가면 한 명이나 두 명만이 돈을 벌 수 있을 것이라 내가 그 0.1% 확률을 뚫고 살아야 한다'고 생각하는 마음을 다진다.

'얼마나 많은 사람이 저 카지노에서 큰돈을 잃고 무너졌을까?', '과연 내가 저 무시무시한 카지노 안에서 겨뤄 이길 수 있을까?',

'이 비정한 프로 선수들의 세계에서 내가 살아남을 수 있을까? 그 확률은 과연 얼마나 될까?' 카지노 게임장 테이블 앞에 앉을 때까지 이러한 마음이 어우러진 상념이 끊임없이 머릿속에서 널뛰기하며 마음의 폭풍을 일으키곤 한다.

프로 포커 선수… 지난 30여 년을 되돌아보면 너무나 힘든 과정이었다. 다시 태어난다면 하지 않을 것이다.

승부의 관건은 '집중력'과 '예지력'
그리고 '자동제어장치'

인간의 삶과 인생의 많은 부분이 도박과 깊은 관련이 있다. 사업을 할 때 어떤 확실성이 없으면 실패하기 쉽다. 특별한 아이템이나 노하우 없이 돈을 투자한다면 사업이 아닌 도박이 되는 것이다.

예를 들어 식당을 개업한다고 가정해보자. 자신만의 특별한 레시피나 고객 서비스 노하우가 있어서 성공할 확신이 있으면 좋은 투자이자 사업이 될 테지만 그저 시장조사 없이 막연한 가능성에 기대어 식당 문을 연다면 사업성은 현저히 떨어질 것이다.

필자는 포커 선수의 삶을 살면서 다른 포커 선수들과 실력이 비슷해서는 포커판에서 밥을 먹을 수 없다고 생각했다. 그래서 혼자만이 쓸 수 있는 기술개발에 주력해 17가지 '포커 필살기'를 창조해냈다. 더불어 30년이 넘는 포커 선수 생활 동안 일지를 써온 것이 필자에게 큰 힘이 되었다.

포커를 하는 날은 어김없이 집에 돌아와 그날의 플레이를 복기했다. 적어도 그날의 중요한 순간을 떠올리면서 내 플레이가 올바른 판단에 의해 이뤄진 것이었는지 평가했던 것이었다. 이긴 핸드이든, 패한 핸드이든 간에 충분한 시간을 갖고 검토한 후 그날의 게임 이력을 메모해간다. 이러한 필자의 '루틴'은 30년 동안 17가지의 노하우를 만들어냈다.

아주 당연한 말이겠지만, 30년 넘게 프로 포커 선수로 활동하면서 숱한 승리를 거둔 가장 중요한 요소는 바로 '집중력'과 '예지력'이었다. 집중력의 사전적 정의는 '무엇에 집중하고 무엇을 무시할지를 결정하는 개인의 능력'이다. 또한 예지력은 '앞으로의 일을 미리 아는 능력'이다.

집중력과 예지력 외에 또 하나의 요소가 있다면 '자동제어장치'를 든다. 자동제어장치는 말 그대로 본능이나 욕구를 자동으로 제어해 줄 수 있는 장치를 말한다.

30년 동안 냉혹한 프로의 세계에서 살아남을 수 있었던 이유는 오로지 승부에만 온 신경을 집중할 수 있는 능력, 예지력과 함께, 상황이 좋지 않을 때 혹은 여러 가지 요인으로 게임을 이어가지 말아야 할 때 자동으로 막아주는 제어장치의 존재 때문이었다고 고백하고 싶다.

'집중력'은 주로 학생들의 공부와 관련해 많이 회자되는 말인데 사실 집중력이란 타고 나거나 선천적인 능력은 아니다. 훈련과 연습을 통해 얼마든지 발전시킬 수 있는 것이 바로 집중력이다.

특히 집중력은 '왕도'가 없다. 여러 가지 방법을 적용해 훈련함으로써 자신에게 가장 잘 맞는 방법을 찾게 되고 그 적합한 방식을 지속해서 연습하게 되면 상당한 수준까지 집중력을 강화할 수 있다.

집중력의 반대말은 '산만함'이다. 산만함이란, 한가지 생각이나 행동에 집중하지 못하는 상태를 말하는데 이런 현상이 나타나게 되는 중요한 이유가 너무나 많은 정보와 소음이 우리 주위에 존재하기 때문이다. 범람하는 과잉 정보와 각종 자극 속에서 우리는 늘 표류하고 중요한 것들을 놓친다. 특히 스마트폰을 비롯해 각종 미디어 등으로 현대인들이 처한 상황은 집중할 수 없는 환경에 노출되어 있다.

과학자들의 연구 결과에 따르면, 2020년에 사는 사람들이 자의, 타의로 하루 동안 얻는 정보는 1980년대와 비교해 약 5배가량 늘어났다고 추정한다. 이처럼 이용할 수 있는 새로운 정보가 증가했다는 사실은, 어떤 것을 취하고 또 어떤 것을 버려야 할지 끊임없이 선택해야 한다는 뜻이기도 하다. 그래서 기술문명이 발달할수록 우리는 집중력이 더욱 떨어지는 불운을 맞을 수밖에 없다.

게임의 세계에서도 마찬가지다. 프로 포커 선수가 처한 환경은 엄청나게 많은 정보의 홍수다. 그러한 정보들에 가장 큰 영향을 받는 것이 바로 감정이다. 그리하여 경기 중에 가장 조심해야 할 것이 감정에 휘둘리는 것이다.

프로 포커 선수에게 절대적으로 필요한 덕목은 감정을 개입시키지 않는 이성적 냉혹함이다. 수를 계산하고 철저히 확률에 따라 베팅한다. 확률과 기댓값을 계산해 움직이고 절대로 감에 따라

휘둘리지 않아야 한다. 더불어 결과에 대해 일희일비하지 않고 승리든, 패배든 간에 그 자리에서 싹 잊어야 한다.

게임 중 자신의 의사결정에 감정이 개입되면 그 게임은 결과에 상관없이 이미 패배한 것이나 진배없다. 그 감정에는 불안감, 열등감, 초조함, 질투, 두려움 같은 원천적 본능이 자리하고 있기 때문이다.

이처럼 감정의 지배를 받지 않으려면 고도의 '집중력'을 필요로 한다. 위에서 밝혔듯 집중력은 끊임없는 훈련과 연습으로 높일 수 있으며, 누구든 충분한 연습 및 훈련으로 가능하다.

인간의 능력에는 한계가 없다고 생각한다. 인간의 뇌는 평생 자신이 가진 능력의 15%밖에 사용하지 못한다는 속설이 있다. 이런 속설을 뒷받침하는 배경이 된 사례가 1890년 하버드대학교의 심리학자 윌리엄 제임스 등이 한 신동을 연구하면서 주장한 인간의 잉여 능력에 대한 가설이다.

그러나 필자는 그러한 연구 결과에 의문점을 갖는다. 만약 인간의 뇌가 15%만을 사용한다면 나머지 85% 부분에 손상이 와도 뇌 기능에 문제가 발생하지 않는 것일까? 뇌는 작은 부위에 미세한 손상을 입더라도 심각한 장애를 얻는다. 그러므로 어떤 인간이든 노력만 하면 15% 이상으로 더 많은 부분의 뇌 기능을 이용할 수 있으며, 어떤 일도 불가능하지 않다고 믿는다.

집중력은 자신이 처한 환경 속에서 안주하지 않는 자세에서 비롯된다. 항상 내일은 오늘보다 더 나은 삶이 되도록, 더 발전할 수 있도록 노력하며 자신을 채찍질하면서 살아야 한다.

세계 챔피언이 됐을 때 모든 것을 이뤘으니 편안하게 살자는 마음으로 그 상태에서 안주했다면 30년 동안 그 비정한 포커의 세계에서 살아남을 수 없었을 것이다. 현실에 안주하지 않고, 초심을 갖고 도전을 멈추지 않았기에 유지할 자리가 있었던 것이다.

어느 수산업자가 미국 동부에서 활어를 잡아 서부로 가져다 팔면 많은 이득을 취할 수 있었다. 그러나 미 동부에서 서부까지 직선거리가 3,000마일(4,800km)이나 되어 동부에서 차로 가든, 배로 수송하든 간에 너무 시간이 걸려 활어가 다 죽어버려 싱싱한 활어를 공급할 수가 없었다.

별의별 방법을 다 동원했지만, 그 수산업자는 매번 실패를 거듭했다. 산소를 충분히 공급하고 수온을 잘 맞춰줘도 결과는 크게 다르지 않았다. 수산업자는 마지막 방법으로 활어의 천적인 메기를 수조에 집어넣었다. 그러자 천적인 메기가 활어들을 긴장시켜 활어 스스로가 삶의 의지를 불태움으로써 동부에서 서부까지 긴 여정에서도 살아남게 되어 수산업자는 큰돈을 벌 수 있게 되었다.

맹자(孟子)는 "어려운 상황은 사람을 분발하게 만들지만, 안락한 환경은 결국 죽음에 이르게 한다"라고 말했다. 천적 때문에 자신의 목숨이 위태로운 줄 알고 살아남기 위해 발버둥 쳤기에 활어들이 살아남을 수 있었던 것이다.

사람도 마찬가지라고 생각한다. 세계 챔피언에 올랐지만, 끊임없이 치고 올라오는 선수들이 없었다면, 그리고 그들에게 지지 않으려 끊임없이 몸부림치지 않았다면 지금의 필자는 없을 것이다.

시련을 겪는 인간만이 강해질 수 있다. 필자는 지금껏 활어 이야기를 머릿속에 늘 넣고 살아왔다. 집중력을 갖고 안주하지 않으며 늘 새로운 도전을 피하지 않았던 것이 30년 동안 프로 포커 선수들과 싸워 승리한 비결이었다.

사람들은 필자의 지능지수(IQ, intelligence quotient)가 매우 높을 것이며 똑똑한 두뇌를 갖고 있을 것이라 짐작한다. 하지만 이는 사실과 다르다. 필자는 학창 시절 공부를 잘하는 학생은 아니었다.

IQ테스트 결과 겨우 100을 조금 넘는 수치를 보여 평범한 수준이었다. IQ테스트는 개인의 학습 능력과 이해력, 정보처리 능력, 논리 및 이성 적용 능력 등을 평가한다.

그런데 최근 하버드대학교의 연구에 의하면 IQ테스트의 평가항목에 몇 가지가 더 추가되어야 하며 총 14가지의 분야에서 평가가 이뤄져야 한다는 것이다. 이 가운데 가장 중요한 것은 예지력으로 이는 인간이 가진 가장 뛰어난 능력이라고 한다.

예지력은 이론적으로 내다볼 수 없는 앞날의 일을 미리 볼 수 있는 초인간적 지각을 말한다. 불확실한 사업에 큰돈을 투자하면서 마음 깊은 곳에 왠지 불안한 마음이 드는 사람이 있다면 그에게 예지력이 발동하고 있는 것이다.

결혼식 날짜를 잡아놓고 '과연 내가 행복할 수 있을까'라고 불안한 마음이 든다면 결혼을 포기할 수 있을 것이다. 이 또한 예지력의 발로일 수도 있다.

프로 포커 선수로 살아오면서 예지력만큼은 세계 최고 수준으로 키웠다고 생각한다. 수많은 포커 싸움 속에서 누구도 따라 올 수 없는 경지에 이르렀다. 이를 통해 30년간 프로 포커 선수 생활을 유지할 수 있었던 것이다.

집중력, 예지력과 함께 현재까지 승부를 이어 올 수 있도록 해준 것이 바로 '자동제어장치'이다. 필자는 프로 포커의 세계에 발을 들일 때부터 '자동제어장치'를 마련해 뒀다. 자동제어장치의 사전적 정의는 '기계의 작동이나 상태 따위를 자동으로 제어하는 장치'를 말한다.

'자동제어장치'란, 운이 좋지 않거나 게임이 풀리지 않을 때 게임의 자리를 떠날 수 있도록 해주는, 일종의 제어 기제이다.

프로 포커 선수로 살다 보면, 세계 챔피언이라도 늘 게임에 이길 수 있는 것이 아니다. 필자라고 매양 이기는 것도 아니다. 때로는 좋지 않은 패가 들어올 때도 있으며 좋은 패를 들었더라도 역전당하는 순간이 오기 시작하면 그럴 때는 아무리 발버둥을 쳐도 이길 수 없다.

제아무리 뛰어나고 유능한 포커 선수라 할지라도 몇 년 동안 반짝하다 지는 해처럼 가뭇없이 사라지는 이유는 돈 관리를 못 했기 때문이다. 반짝했을 때 자신이 최고인 줄 알고 거만을 떨고 제대로 된 관리를 하지 않는 것이다.

세계적인 프로 포커 선수의 자리를 유지할 수 있었던 이유는 늘 이겼기 때문이 아니라 '자동제어장치'를 통해 돈 관리를 잘했기 때문이었다. 게임을 하는 이들과 비교해 돈에 대한 자세를 달리한다.

카지노에서, 세계대회를 통해 돈을 벌었을 때, 돈을 가까이 두지 않는다. 그리고 생활비와 포커를 치기 위한 자본을 따로 구분해 사용한다. 이것이 필자의 '자동제어장치'다.

예를 들면 이렇다. 미국 카지노에서 큰돈을 벌면, 그 돈으로 한국에 투자하거나 금융기관에 묶어놓는다. 당장 상황이 좋지 않을 때 곧바로 찾을 수 없도록 한 '제어 기제'인 것이다.

프로 포커 선수의 삶은 늘 불안하다. 언제 어느 게임에서 파산할지 모른다. 그러니 늘 위험한 외나무다리 길을 걷는 자와 같다. 삐끗하면 천 길 낭떠러지로 떨어질 수 있다. 그런 환경 속에서 살아남을 수 있는 유일한 길은 최악을 대비하는 것뿐이다. 필자는 한국에서 돈을 벌면 그 돈을 미국에 두고, 미국에서 돈을 벌었을 때는 한국에 둔다.

카지노에는 이른바 '안전 금고(safety box)'가 있다. 프로 포커 선수들이 자신의 자금을 저장해 놓는 곳으로, 게임을 하다 돈이 떨어지면 이 안전 금고에서 돈을 찾아 다시 게임을 할 수 있도록 한 것이었다.

필자는 안전 금고에 돈을 두는 것을 금기시한다. 절대 게임을 하는 카지노의 안전 금고에 돈을 넣어두지 않는다. 신이나 기계가 아닌 다음에야 게임에서 질 때도 있고, 카드가 잘 들어오지 않는 때도 있는 법. 게임에서 지고 돈을 잃으면, 감정이 있고 자존심도 있어 흥분하고 돈을 찾아 잃은 돈을 만회하려 할 것이다. 그런 게임은, 아무래도 승산이 없다. 이는 기름을 메고 불로 뛰어드는 격이다.

필자는 돈을 손에 닿을 수 없는 먼 곳에 두거나, 최소한 며칠이 걸려 찾을 수 있는 안전한 금융기관 등에 보관한다. 이것이 필자의 '자동제어장치'다. 돈을 잃고 흥분한 상황에서 더는 게임을 할 수 없도록 미리 차단장치를 만들어 놓은 것이다.

앞 장에서 소개한 미국 프로 포커 선수 '폴 클락'의 사례에서 자동제어장치의 필요성이 얼마나 큰지 알 수 있다. '에스키모'라는 별명의 이 사나이는 엄청 돈을 아끼는 '짠돌이' 도박사였는데 자동제어장치를 너무 가까운 곳에 둠으로써 파산에 이른 친구였다. 불과 차로 30분 거리의 타 카지노 안전 금고에 돈을 맡겨 놓은 게 화근이었다.

필자의 경우는 게임에서 지면 돈을 구할 길이 없어 어쩔 수 없이 게임 현장을 벗어날 수밖에 없는 환경이었지만, 그는 단 30분 만에 돈을 찾을 수 있는 환경이었기에 그토록 '짠돌이'였음에도 모든 게임에서 지고 파산할 수밖에 없었던 것이었다.

30년 프로 경력이 남긴 것

『죄와 벌』, 『카라마조프 가의 형제들』 등 주옥같은 작품을 남긴 러시아의 세계적인 대문호 도스토옙스키(Fyodor Mikhailovich Dostoyevsky, 1821~1881)가 도박에 심취한 도박 중독자로 평생을 비참한 삶을 이어갔다는 사실은 아는 이는 그리 많지 않다.

가부장적 가정의 분위기와 유럽의 변방으로 낙후된 국가였던 러시아의 사회적 풍토의 영향 탓이었을까? 그는 도박과 방종에 빠져 많은 돈을 잃고 한동안 어두운 삶을 살았다. 그나마 도박 빚에 시달리던 그에게 헌신적이었던 두 번째 부인인 안나를 만나며 폐인의 길에서 나와 세계문학사를 빛낼 작품활동을 할 수 있었다.

많은 예술가, 정치인이나 유명인들은 물론이고 평범한 사람들까지 도박에 빠져 패가망신하고 인생을 망치는 사례가 인류의 역사에서 너무도 많았다. 도박은 개인은 물론, 가정을 파괴하고 나아가 사회적 문제로까지 확산한다.

그러나 도박에서 이길 수 있는 경우는 거의 없다. 카지노는 수익

발생을 목표로 하는 기업이다. 카지노가 사회공헌이나 복지를 위해 고객을 끌어들이고 편의를 제공하는 것은 아니다. 장기적으로 보면 카지노를 이길 수 있는 사람은 하나도 없다고 보면 된다.

30년 이상 프로 포커 선수로 활동하는 와중에 많은 사람들이 과연 '케빈송'이 얼마나 많은 돈을 벌었을까 하는 질문을 해왔다. 포커 세계 챔피언으로 시합이 아닌 일반 캐시 게임으로 많은 돈을 벌었을 것이라고 그들은 상상한다.

하지만 필자는 평생 단 한 번도 얼마를 벌었는지 떠벌린 적이 없다. 여러 가지 이유가 있겠지만 필자와 가장 가까운 배우자에게조차도 그럴 필요를 느끼지 못했다. 오직 공식적으로 대회를 통해 올린 수입만 공식적으로 인터넷에 나와 있다. 그러나 그보다 더 중요한 점이 있으니 바로 필자가 미국에 무일푼으로 건너가, 즉 단돈 100달러만 들고 건너가 30여 년을 카지노라는 무서운 세계에서 살아남았다는 사실이다. 이는 거의 기적에 가까운 일이다.

필자는 오랫동안 프로 포커 선수로 살아남으려면 '도인의 경지'에 올라가야 한다고 믿는다. 그만큼 자신을 채찍질하며 혹독한 관리를 하지 않으면 안 된다. 일반 스포츠의 프로선수들도 탁월한 경기력이 상품으로 유통되려면 아마추어들의 경기력과는 많은 차이를 보인다. 우선 프로 의식이 바탕이 되어야 하며 그만큼 자신의 상품 가치를 끌어올리기 위해 최고 수준의 연습과 자기관리가 필요할 것이다.

프로 포커 세계도 마찬가지다. 필자는 시간이 날 때마다 산에 오른다. 때로는 한밤중이나 새벽에 산에 올라 신체의 단련은 물론 마음의 평온을 유지하면서 정신을 맑게 하는 훈련을 시도한다.

게임에서 이기기 위한 노력은 절실함과 간절함을 동반하는 정신력이 필수적이다. 모든 것 위에 자리 잡은 것이 정신력이기 때문이다. 그게 바로 '프로페셔널리즘(professionalism)'일 것이다.

프로 포커 계에서도 정신 자세가 무척 중요하고 정신력에 바탕을 둔 집중력이 승부를 좌우할 수밖에 없다. 여기에 더하여 자기관리가 잘 되어 있는 선수가 프로이자 '롱런(long run)'할 수 있는 자질을 갖춘 승자일 것이다.

프로 포커 계에서 좋은 성적을 올리려면 항상 좋은 컨디션을 유지하는 것이 관건이다. 필자는 스스로 해야 할 일을 미루고 대회에 나가는 것도 금기시했다. 좋은 컨디션을 만들려는 조처였다. 게임에서 베팅하는 돈도 결코 빌리거나 대출받아 충당한 일이 없다. 오로지 자신의 명의로 된 여유자금으로 충당한다.

더불어 다른 포커 선수들보다 선수 생활을 오래 유지할 수 있었던 비결은 게임의 흐름에 민감한 능력을 보유했기 때문이었다. 위에서 소개한 마음의 평정심과 무아경에 빠질 만큼 깊이 있는 집중력 그리고 '포커페이스(pokerface)'다.

일반적으로 '포커페이스'란 좋은 카드를 들었든지, 나쁜 카드를 들었든지 간에 표정의 변화가 없어야 한다는 뜻이다. 하지만 진정한 프로 포커 선수의 '포커페이스'는 일반적이지 않다.

포커를 할 때 세계 최고 수준의 포커 선수들은 대체로 자신이 이기고 있는지, 지고 있는지를 동물적인 감각으로 알 수 있다. 중요한 순간이 오면 상대에게서 보이지 않는 어떤 기(氣, energy)가 느껴진다. 권투선수가 시합 시작 전 링에 올라서 마주 섰을 때 서로 눈빛이 부딪치면 어느 정도 승부가 예측된다고 하는 것도 일종의 '기'가 느껴지기 때문일 것이다.

일반 사람들도 사회생활을 할 때 소위 '잘나가는 사람'들에게서 말투나 행동 또는 얼굴 표정에서 어딘지 모르게 자신감이 배어나옴을 알 수 있다. 이것이 바로 '기'인 것이다.

이 '기'라는 것에 대해 필자는 많은 연구를 거듭해왔다. 그 결과 나 자신에게 최면을 걸어 상대가 내 몸에서 뿜어져 나오는 기를 제대로 판단할 수 없도록 혼선을 주는 것이다.

다시 말해서 내가 나 자신을 속여 상대가 나를 정확히 읽지 못하도록 하는 것이다. 이것이 프로 포커 선수의 진정한 '포커페이스'인 것이다.

그러나 아무리 '포커페이스' 전법으로 경기를 해도 신이 아닌 이상 매번 승리할 수 없으며, 매 대회에서 우승할 수는 없다. 사람이라면 누구나 '슬럼프'가 오기 때문이다. 필자도 마찬가지였다.

세계 최고의 챔피언 자리에 오른 후에도 한 달에서 두 달 정도의 비교적 짧은 기간 지속되는 슬럼프는 셀 수도 없이 많이 왔다. 인생 최고로 긴 슬럼프가 왔던 것은 딱 한 차례였는데, 6개월 동안 슬럼프가 이어진 것이었다.

6개월 동안 포커판에서 한없이 돈을 잃게 되자 포커 자금이 바닥을 드러냈다. 그때 집안 서재에서 열흘이 넘도록 칩거했다. 집사람이 눈치를 채고 자꾸 질문을 던졌다. 어쩔 수 없이 저간의 사정을 숨김없이 털어놓았다. 집 밖에서 일어난 일, 특히 좋지 않은 일은 집안으로 들이지 않는다는 불문율을 스스로 깨고 아내에게 모두 고백하지 않을 수 없는 상황이었다.

얘기를 잠잠히 듣고 있던 아내는 조용히 자리를 뜨더니 잠시 후 신문지에 싼 뭔가를 필자 앞에 들이밀었다. 돈 5만 달러였다. 그동안 갖다준 생활비를 절약해 한 푼 두 푼 모았다는 것이었다. 아내는 그 돈으로 다시 시작해 보라고 담담하게 말했다. 순간 왈칵 눈물이 났다. 마음이 숙연해지며 아내에 대한 고마움이 밀려왔다.

다음 날부터 카지노에 가서 포커하는 대신 집 근처의 산을 오르기 시작했다. 거의 한 달간을 산에 오르며 정신을 맑게 했다. 한 달이 지나자 슬럼프 기간 내면에 켜켜이 쌓인 고통이 어느 정도 사라졌고 몸에 활력이 솟았다. 그때부터 포커판에서 승승장구했고 지난 6개월간의 잃은 돈을 만회하고 흑자로 전환하며 오랜 슬럼프를 극복할 수 있었다.

카지노에서 계속해 패하고 돈을 잃으면 잃을수록, 게임은 더 힘들어지게 된다. 잃은 돈이 눈덩이처럼 불어나 그것을 복구하기 위해서는 항상 더 큰돈을 걸어야 하는 모험을 동반하기 때문이다.

그래서 어느 정도 위험부담이 큰 단계에서는 게임을 포기하고 패배를 잊어야 한다. 잊기 위해 필자가 선택한 중화제는 '골프'다. 워낙 골프를 좋아하는 이유도 있지만, 카지노에서 얻은 스트레스를 풀 수 있는 유일한 수단이 골프였기에 그 운동을 통해 슬럼프를 이겨냈다.

생텍쥐페리가 쓴 『어린 왕자』에 등장하는 '술꾼'은 잊기 위해 마신다고 했지만, 필자는 잊기 위해 골프를 친다. 그래서 게임에서 패한 기억을 완전히 잊은 다음에야 내상에 대한 복구가 가능하다.

이제 제2의 인생 초입에 들어서며 느끼는 것은, 도박의 세계를 온몸으로 반평생 경험하고 난 후 도박의 위험성과 이를 알리는 '전도사' 역할을 해야 한다는 점이다.

앞에서도 누누이 강조했듯 우리나라는 미국으로부터 카지노 개방 압력을 받는 상황이다. 언제가 될지 그 시점만 문제일 뿐, 미국의 개방 압력이 아니더라도 우리나리에 내국인들이 출입할 수 있는 카지노의 개방은 필연적이다. 곧 우리 주위에 카지노가 세워지는 것이 엄연한 현실인데 우리는 어떠한 준비도 대책도 없다는 것이 안타깝다.

매스컴을 통해 많은 이들이 도박 중독에 빠져 집안이 파탄 나고 불행에 빠지는 사례를 자주 접하기도 했지만, 도박하면 안 되는 이유에 대해 구체적으로 말해 주는 이는 지금까지 없었다.

이제는 누군가 나서서 도박의 위험성과 그래서 도박하면 안 된다는 사실을 깨우치게 하는 활동을 해야 할 것이다. 카지노를 막을 게 아니라 도박에 대한 제대로 된 인식을 할 수 있도록 돕는 게 절실히 필요하다. 나아가 도박 중독을 막기 위한 예방 교육을 당장 시행하지 않으면 안 된다.

　1981년 혈혈단신으로 단 100달러만 쥐고 미국에 건너갔을 때 사막에 떨어진 '어린 왕자'처럼 막막했다. 영어를 잘한 것도 아니고, 특별한 기술이 있었던 것도 아니었다. 평범한 사람들의 인생이었다면 접시를 닦거나 남의 집 수영장 청소를 하는 등 육체노동으로 일을 해 먹고 살 수밖에 없었을 것이다. 미국에서 유색인종이 잘 살 수 있는 길은 가진 재산이 많거나 '아이비리그' 같은 일류대학을 나와야 가능하기 때문이다.

　이런 상황에서 막노동으로 생계를 유지하는 것이 아닌, 포커를 만나 화려한 라스베이거스 호텔과 카지노를 돌며 막대한 부와 명성을 얻는 성공한 프로 포커 선수로 살 수 있었던 것은 전적으로 하느님의 은혜라고 생각한다.

　그래서 필자는 성당에 나가 "하느님께서 저를 포커 선수로 만들어 주셨으니, 제 삶을 끝까지 책임져 주십시오. 저도 뭔가 이 사회에 공헌할 수 있는 일을 하도록 해 주십시오"라고 기도한다.

　이제 필자는 인생의 황혼기에 들어서며 걸어온 지난 삶을 돌아볼 때 어느 정도 만족한다. 사랑하는 아내와 행복하게 살아왔고, 자식들을 훌륭하게 키웠다. 그래서 매우 행복하다. 스스로 삶에 만족하며 성공적인 인생을 이어왔다고 자부한다.

　이제 오랜 미국 생활을 접고 그리운 조국에 돌아가 남은 인생으로 제2의 삶을 살고 내 조국에 뼈를 묻고 싶다. 그렇다고 친구들

만나 골프나 치며 맛있는 것 먹고 여행을 다니는 등 노후를 편안히 보내는 일로 소중한 남은 시간을 다 허비하고 싶지는 않다. 물론 그런 삶이 의미 없는 건 아니다.

그러나 그렇게 편안한 노후 생활은 지난 삶을 돌아보았을 때 어울리지 않는다. 스스로 용납할 수 없는 삶이다. 하느님께 기도한 바와 같이 이 사회에 뭔가 공헌할 수 있는 일을 하고 싶은 것이다.

그렇다면 과연 고국에 돌아와 이 사회에 공헌할 수 있는 일이 뭘까? 30년 프로 포커 선수 생활을 통해 얻은 무수한 경험을 바탕으로 도박이 무엇인지, 도박의 위험성을 널리 알리는 일일 것이다. 도박 때문에 가정이 파탄 나고 인생을 망치는 일이 더는 일어나지 않도록 도박 중독을 예방하고 일깨우는 데 여생을 보낸다면 상당히 보람이 있는 삶이 아니겠는가! 이것은 오랜 소망이다.

이 책의 집필 목적도 이와 다르지 않다. 그동안의 경험으로 볼 때 도박 중독자 치료는 굉장히 까다롭고 어려우며 비용도 많이 든다. 그들을 치료한 후 사회에 복귀시키는 단계에 이르기까지 엄청난 노력이 요구된다. 그렇다고 치료 효과가 기대한 만큼 나타나는 것도 아니다.

그러나 도박 예방은 치료보다 더 쉽다. 비용도 적게 든다. 되도록 어린 시절부터 예방 교육이 이뤄지는 것이 바람직하다. 최소한 중고등학교 학생은 물론 대학생까지 중점적으로 도박 예방 교육을 시행해야 한다. 전국 초·중·고 선생님들에게 청소년 도박에 대한 올바른 이해를 돕고, '왜, 도박을 하면 안 되는가?'에 대한 강연이

절실히 요구된다. 비록 작은 힘이겠지만, 이 일을 해야 한다는
사명감으로 이 책을 쓰게 되었다.

에필로그,

나는 도박 중독 치료와 예방의 전도사로 제2의 삶을 살고
싶다.

미국 네바다주의 허허벌판 사막에 신기루처럼 자리 잡은 '라스베
이거스'는 인간이 가진 가장 뜨겁고 열렬한 욕구의 하나인 도박의
욕망을 충족해주는 상징성을 가진 도시이다. 연중무휴로 운영되는
이 도시의 카지노들은 화려한 분수 쇼와 조명, 네온사인으로 장식되
어 24시간 잠들지 않고 불야성을 이루며, 전 세계 도박사들의
마음을 빼앗고 '인간의 원초적 욕망'을 채워주고 돈을 벌기 위해
현혹하고 있다.

코로나 팬데믹으로 전 세계적으로 경제 심리가 위축되어도 라스
베이거스가 위치한 네바다주는 2021~24년 기준 사상 최고의 도박
관련 수익을 올렸다고 한다. 특히 카지노가 밀집해 있는 라스베이거
스 스트립 지역은 코로나 이전보다 수익이 증가하며 불황을 모르는
지역임을 다시 한번 입증했다. 도박의 욕구는, 인류 최악의 역병도
이기지 못하는 최고의 승리자가 된 것이다.

매스컴을 통해 종종 볼 수 있는 장면들, 이를테면 경찰들이 불법도

박장을 단속할 때 옷가지나 수건으로 얼굴을 가리며 이리저리 도망치는 중년여성들이나 모자이크 처린 된 얼굴로 자신이 어떻게 도박에 빠져 패가망신했는지 고백하는 중독자들, 특히 인터넷 도박에 빠진 청소년들의 비행 등의 보도를 접할 때면 참으로 안타깝다.

전통적으로 대한민국에서 도박은 '몹쓸 짓'이자 '패가망신'의 지름길로 여겨왔다. 그러나 그런 기본적인 인식을 심중에 깔아놓고도 한국의 부모들은 어린이집이나 유치원에 다니는 유아기 때부터 자녀들이 모바일 게임을 하는 것에 둔감해져 있다. 게임과 도박을 자연스럽게 접근시키는 형국이다.

부모들을 비롯해 학교나 사회가 도박의 정확한 개념과 실체는 물론 도박 중독의 위험과 문제점에 대해 체계적인 교육을 시킬 생각은 하지 않고 도박은 무조건 나쁘니 하지 말라고만 한다. 그러니 한국인의 도박 중독은 세계 최고 수준이 되지 않을 도리가 없다. 2024년 현재 대한민국의 도박 중독자는 그 실체를 파악하기 어려울 정도로 많다.

그들이 제대로 된 도박 중독 예방 교육만 받았다면, 도박의 위험성과 폐해에 대한 보다 정확한 인식만 갖고 있었다면 그렇게 인생이 망가질 수 있었을까? 사행산업통합감독위원회나 한국도박문제예방치유원 등 사행산업 및 도박과 관련된 업무를 맡는 정부 기관이 도박 중독 문제와 치료, 예방 교육에서 한계를 드러내고 있다. 그래서 오늘날과 같이 불법 도박이 늘어나며 도박 중독자가 넘쳐나고 청소년, 어린이까지 도박에 빠지는 사회가 되어버린 것이다.

사감위나 치유원 같은 정부 기관들이 나름대로 도박 문제 해결을 위한 다양한 노력은 해왔지만, 기대만큼의 성과를 이루지 못한 것은 부인할 수 없는 현실이다.

이제 다양한 방식의 문제 해결책을 시도해야 한다. 정부 기관이 해온 방식은 달라지고 바뀌어야 한다. 민간 차원에서 시도할 수 있는 방식은 할 수 있는 한 다양하게 마련해 실행하는 것이 바람직하다고 생각한다.

필자는 지금까지 대한민국은 물론 미국에서도 도박판에서 큰돈을 따고 부자가 됐다는 사례는 단 한 차례도 들어본 일이 없다. 하지만 미국의 포커 계에서는 몇 안 되는 사람 중에 '케빈송'이 돈을 벌었다고 말한다. 라스베이거스에서 오랫동안 취재 활동을 해 온 한 기자가 직접 필자에게 한 말이었다.

그 기자가 30년 동안 라스베이거스 카지노를 취재해 왔는데 카지노 역사상 포커를 쳐서 백만장자가 된 인물이 다섯 명 정도라는 것이다.

필자는 미국 포커 계의 대부인 '도일 브론슨(Doyle Brunson)'이 그 리스트에 포함될 것이라 말했다. 그런데 놀랍게도 그는 포함되지 않는다는 것이었다. 그 이유는 그가 포커에 입문하기 전 이미 많은 땅을 소유한 백만장자였기에 포함될 수 없다는 것이었다.

그의 말을 듣고 고개를 끄덕였다. 그 기자는 다섯 명 중 한 명이 필자라고 말하는 것이었다. 세계 포커대회에서 우승한 챔피언들은 많고 100만 달러 이상을 벌어들인 프로선수는 수백 명에 이르지만, 그 돈을 30년이 넘도록 유지한 선수는 거의 없는 것이었다. 필자는 라스베이거스의 포커 챔피언 중에서도 무일푼으로 시작해 백만장자가 된 유일한 한국인이다.

하지만 비정하고 냉혹한 프로 도박의 세계에서 세계 챔피언이 됐다는 점보다 더 중요한 사실은 이 세계에서 어떻게 살아남을 수 있었느냐에 있다.

프로 포커 선수로 활동하면서 30여 년간 가정을 이루고 생활했으며 자녀들은 남부럽지 않은 전문직 종사자로 키워냈다. 앞으로도 세계 포커대회에 출전하거나 카지노에 가서 현재 보유한 자산을 다 잃는다고 하더라도 시작한 돈이 100달러였으니 결과적으로 단 100달러를 잃는 셈이라고 생각한다. 그러니 뭐가 아쉽거나 두려운 것이 있을까.

필자는 강남 같은 서울의 노른자위 땅에 빌딩을 갖고 있고, 수백억 원 자산을 굴릴 수 있어야만 부자라고 생각지 않는다. 이미 필자는 부자다. 지금까지 살아온 인생에 대해 만족하고 나름의 긍지를 갖고 있기 때문이다.

위에서 밝힌 것처럼 이제 도박의 위험성과 예방 교육을 위해 여생을 바칠 생각이다. 도박 문제에 대한 필자의 관점과 해법은 지금까지 없었고 누구도 시도해 보지 못한 미지의 영역이다. 평생 도박사들과 겨뤄온 경험자의 관점에서 도박의 위험성과 폐해를 알리고 싶다.

승리할 확률이 50%, 패배할 확률 50%인 게임에 돈을 건다면 그것은 도박이다. 그러나 만일 승리할 확률이 50%가 아니고 그보다 조금이라도 높다면 결코 도박이 아니다. 하지만 라스베이거스의 카지노를 비롯한 전 세계 모든 카지노에서 고객의 승률이 50%를 넘는 곳은 단 한 곳도 없다.

이제 여생을 도박 중독 치료와 도박 예방의 전도사로 우리 사회가 도박의 폐해로부터 자유로워질 수 있는 토양을 만드는 데 많은 노력을 할 예정이다. 30년 이상 포커 계에 몸담고 살아오며 도박으로 망가지는 이들을 볼 때마다 늘 마음 한편에 채무 의식을 가져왔다. 이젠 그들의 치료와 사회 복귀를 위해, 다음 세대를 일궈갈 후배들이 그런 전철을 밟지 않게 하도록 하는 것이 제2의 인생의 소명이 아닐까 생각해본다.

도박 중독 치료와 예방을 위해 걸어야 할 길은 오롯이 필자의 지난 30년 경험에 바탕을 둔 주체적이고 능동적인 의지에 따라 열어갈 것이다. 더불어 스스로 짊어진 이 여정에서의 부담을 회피하지 않으려 노력하겠다. 주저함 없이 그 길의 성공을 위해 모든 것을 던지겠다고 다짐한다. 그래서 만약 필자가 도박으로 인한 피해로 자살하려는 사람을 단 한 사람이라도 구할 수 있다면 얼마나 보람된 일이겠는가!

제18대 국회의원 정하균 의원은 나의 정신적 멘토이다. 작은 일이건 큰일이건 아름다운 천사가 되어 너무도 많은 도움을 주셔서 깊은 감사를 표하고 싶다.

씨티뱅크 사외이사 민성기 님은 필자가 미국에 오래 살아 글 표현력 부족으로 어려움을 겪을 때 많은 도움을 주었고, 한국 생활에 활력을 준 봉래 61회 김현기 회장과 친구들에게 감사의 마음을 전합니다.

OO회계법인 정중용. 이사께서는 이 책을 집필을 권고하신 분으로 "할 수 있다"라는 힘과 희망을 불어넣어 주어서 평생 잊지 못할 것입니다.

300조 원의 비밀을 응원해주신 프레시안의 카지노 전문기자 홍춘봉 국장님께 감사드립니다.

포커 선수가 책을 쓰는 어려운 작업에 끝까지 지원을 아끼지 않았던 아내에게도 고마움을 전하고 싶다.

(끝)